50 genial schnelle
LIEBLINGSREZEPTE
von

Denis & Daniel Gibisch

INHALT

UNSER CREDO   4

DIE IDEE HINTER LITTLE LUNCH   6

GESUND IM OFFICE   8

PIMP YOUR SOUP   12

DIE BESTEN TRICKS GEGEN HEISSHUNGERATTACKEN   28

DIESE BASICS GEHÖREN IN DEN KÜHLSCHRANK UND
IN DEINE VORRATSKAMMER   44

MEAL PREP   46

GANZ EASY – PLASTIK VERMEIDEN IM ALLTAG   52

LECKERE GERICHTE MIT WENIGEN ZUTATEN   78

DIE MISCHUNG MACHT'S   88

WENN DAS KLEINE NACHMITTAGSTIEF KOMMT   108

DIE BESTEN SNACKS   128

NO-GOS   129

WARENKUNDE   130

BEISPIELTAG   132

REGISTER   134

IMPRESSUM   136

UND DAS BEDEUTEN UNSERE ICONS

Hieran kannst du erkennen, für wie viele Personen die Mahlzeit gedacht ist.

Du verträgst kein Gluten? Dann sind die mit diesem Icon gekennzeichneten Rezepte für dich bekömmlicher.

Gerichte ohne tierische Zutaten erkennst du am bekannten V für vegan.

Ein Kreis mit einer Zahl darin zeigt die ungefähre Anzahl der Kuchenstücke oder der Plätzchen an, die sich aus dem Rezept ergeben.

UNSER CREDO

Durch unsere Ernährungsumstellung haben wir nicht nur ein neues Lebensgefühl gewonnen, sondern auch den Grundstein für unser Unternehmen Little Lunch gelegt. In unserem ersten Arbeitsleben waren wir schlecht essende Fast-Food-Junkies. Nach dem Mittagsimbiss folgte regelmäßig das Nachmittagskoma. Also schnelles, fettreiches, zuckergefülltes Essen, das wenig produktiv, sondern nur müde machte. Unser Wandel in Kopf und Bauch hat sich zu einer Erfolgsgeschichte entwickelt. Wie das gelungen ist, kannst du hier Schritt für Schritt lesen.

LITTLE LUNCH BEDEUTET FÜR UNS WEIT MEHR ALS LECKERE SUPPEN IM GLAS.

Nachhaltigkeit, Recycling, leckeres Essen, selbst kochen, sinnvolles Wirtschaften, regionale, saisonale Bioprodukte, Gesundheit, ein gutes Miteinander – das sind alles Dinge, die uns am Herzen liegen. Mit diesem Kochbuch wollen wir dir zeigen, wie du leicht und schnell leckere und abwechslungsreiche Gerichte zaubern kannst. Ohne Chemiebaukasten und Fast Food. Wir checken den Kühlschrank und die Vorratskammer und geben dir viele Tipps, die jeder auch in einem prall gefüllten Familien- und Arbeitsalltag umsetzen kann. Wir zeigen dir, wie du Plastikmüll einsparen kannst und dich wohler in deinem Office fühlst. Selbst kochen braucht viel Zeit und kostet viel Geld? Nicht mit unseren genial einfachen Lieblingsgerichten und Meal-Prep-Ideen.

Denis & Daniel Gibsch

DIE IDEE HINTER LITTLE LUNCH

DIE REVOLUTION DER MITTAGSPAUSE:

GESUND, LECKER & UNKOMPLIZIERT

Wir sind zwei Brüder aus Augsburg – ehemalige Schlecht-esser und Bürohocker, die keine Lust mehr auf Imbiss-buden und fettiges Fast Food in der Mittagspause hatten. Seit der Gründung unseres Unternehmens Little Lunch hat sich unser Leben um 180 Grad gewandelt. Heute er-nähren wir uns besser und haben mit unserer Idee die Mittagspause revolutioniert.

Am Anfang waren es fettige Pommes, Döner und ande-res Fast Food. Wir haben gegessen wie so viele andere Berufstätige auch: schnell, fettig und nicht wirklich lecker. Mittags fix die Currywurst, die Pizza oder die Asiapfan-ne reingehauen, manchmal sogar noch einmal auf dem Heimweg zum Abendbrot. Ihr kennt das Gefühl wahr-scheinlich auch: Ist der Heißhunger erst mal gestillt, fühlt man sich müde, vollgestopft, unwohl und schon kurz nach dem Essen verlangt der Körper schon wieder einen süßen Snack, um aus dem Mittagskoma zu erwachen. Der Hunger selbst ist ebenso schnell wieder da, wie er gestillt wurde. Irgendwann ging uns diese Lebensweise nur noch auf den Keks. Also begannen wir, unsere Ge-wohnheiten von Grund auf zu ändern.

EINE GESUNDE UND LECKERE ALTERNATIVE ZUR IMBISSBUDE –

OHNE ANSCHLIESSENDES FOOD-KOMA

Dass wir jetzt als Brüder sogar zusammen arbeiten und unser Unternehmen aufgebaut haben, macht uns besonders stolz und glücklich. Das Vertrauen ist groß, schließlich kennen wir uns ja schon unser ganzes Leben lang. Wir kennen die Stärken und die Schwächen des anderen und können uns zu hundert Prozent aufeinander verlassen. Ein wirklich schönes Gefühl. Unser Unternehmen aufzubauen war und ist nach wie vor eine sehr aufregende Erfahrung. Nach unserem Auftritt in der VOX-Sendung „Die Höhle der Löwen" konnten wir von 2015 an richtig durchstarten. Unsere Mission, auch andere Menschen für gesunde Ernährung zu begeistern, ist aber noch lange nicht beendet. Dafür haben wir unser zweites Kochbuch auf den Weg gebracht, mit neuen Lieblingsrezepten und vielen Tipps und Tricks für eine gesündere Ernährung.

GESUND IM OFFICE

VIER EASY TIPPS FÜR MEHR GESUNDHEIT AM ARBEITSPLATZ

Keine Frage – aus schwer körperlich arbeitenden und jagenden Vorfahren ist eine große Meute Sitztiere geworden. Nur wenige von uns verbrennen die Kalorien, die sie den Tag über aufnehmen, durch ihre Arbeit. Wir sitzen auf dem Weg zur Arbeit in Auto, Bus oder Bahn, hängen den ganzen Tag im Office und in Meetings auf Bürostühlen rum und beenden den Abend bequem auf der Couch fläzend oder auf dem Barhocker in der Kneipe. Ein Grund für die vielen Rückenprobleme und verspannten Nacken. Wir haben daher vier einfache Tipps für dich zusammengetragen, die neben einer guten Ernährung für mehr Gesundheit am Arbeitsplatz sorgen.

WENIGER SITZEN

Steh einfach öfter mal zwischendurch auf. Geh in die Knie, recke und strecke dich. Sogar auf Zehenspitzen kann man gehen. Vielleicht ist es möglich, ein Stehpult zu benutzen, oder frag deinen Arbeitgeber nach einem höhenverstellbaren Schreibtisch. Auch mal die Füße hochnehmen oder ein wenig über den Gang gehen: Gerade beim Telefonieren wird dir die Bewegung guttun. Je häufiger du die Position wechselst, umso besser.

VIEL TRINKEN

Der Mensch besteht zu einem Großteil aus Wasser. Mindestens zwei bis drei Liter Flüssigkeit braucht unser Körper täglich, um gut zu funktionieren. Und damit sind nicht unbedingt Kaffee, Cola & Co. gemeint. Nach acht Stunden Schlaf ist es also höchste Zeit, das Reservoir wieder aufzufüllen. Gewöhn dir am besten an, gleich nach dem Aufstehen ein Glas Wasser zu trinken, dann kann die Körpermaschine schon mal geölt werden. Das macht wach und bringt dich in Schwung. Einen Wasserhahn zum schnellen Durstlöschen findet man fast überall. Setze diese Trinkgewohnheit über den Tag verteilt fort. Ein Wasserglas am Arbeitsplatz erinnert dich daran – oder eine App.

MEHR ACHTSAMKEIT

Wir verbringen so viel Zeit am Arbeitsplatz, also darf es sich auch gut anfühlen. Sorge stets gut für dich und hör auf deine Bedürfnisse. So wirst du automatisch auch zu einer wertvollen Arbeitskraft. Mach ausreichend Pausen, auch an der frischen Luft, und finde die richtige Dosis in der Kommunikation. Möchtest du dich tief konzentrieren, nutze Noise-Cancelling-Kopfhörer oder wechsle an einen ruhigeren Ort. Gib den Kollegen liebevoll ein Signal. Überlegt im Team, wie sich die Arbeitsplätze gut und zufriedenstellend für alle gestalten lassen. Ein Stehpult oder alternative Arbeitsplätze kann man sich auch teilen. Sauerstoff spendende Topfpflanzen sorgen für ein gutes Raumklima. Frische Luft und gute Gespräche ebenso.

TIEF ATMEN

Klingt so simpel, aber wir atmen alle viel zu flach. Das liegt häufig am Stress und am hohen Arbeitstempo. Darüber hinaus halten wir oft urwillkürlich die Luft an und atmen nicht mehr tief ein und aus. In der Folge ist unser Körper schlecht mit Sauerstoff versorgt, was uns wiederum müde macht. Die abgestandene Luft in den Büros verbessert die Situation nicht. Also sollten wir immer mal wieder bewusst innehalten und mehrfach tief ein- und ausatmen – vorzugsweise natürlich an der frischen Luft. Es gibt sogar Apps, die dir dabei helfen können.

»WIR FINDEN, BIOPRODUKTE SOLLTEN SICH AUCH ORDENTLICH EINKLEIDEN. ALSO WEG MIT DEM PLASTIK UND REIN INS GLAS!«

223

PIMP YOUR SOUP

TACOS MIT CHILI-FÜLLUNG

ZUTATEN

1 TL Olivenöl

120 g Kichererbsen
(vorgekocht, abgetropft)

1 TL edelsüßes Paprikapulver

1 TL Salz

6–10 Tacos (gekauft oder
selbst gemacht)

1 Salatkopf

1 Avocado

1 Bund Koriander

Saft von ½ Limette

1 Glas Little Lunch Chili sin Carne
oder Chili con Carne

3 TL Schmand

1 TL Curry

1 TL Salz

1 TL Pfeffer

2 TL weißer Sesam

ZUBEREITUNG

1 Olivenöl in einer Pfanne erhitzen und die Kichererbsen mit Paprikapulver darin 8 bis 12 Minuten knusprig anbraten, mit Salz würzen.

2 Salat in einzelne Blätter teilen, waschen und trocken tupfen. Avocado halbieren, Kern entfernen, schälen und Fruchtfleisch in Stücke schneiden. Koriander waschen, trocken schütteln, Blätter abzupfen und hacken.

3 Die Tacos mit Salat, Chili sin Carne oder Chili con Carne, Kichererbsen, Avocado, Limettensaft, Koriander und Schmand anr chten.

4 Mit Curry, Salz, Pfeffer und Sesam abschmecken und genießen.

TIPP

Mit Chili sin Carne und ohne Schmand wird dieses Gericht auch für Veganer zum Genuss.

KICHERERBSEN-REIS-EINTOPF

ZUBEREITUNG

1 Den Reis nach Packungsanweisung zubereiten.

2 Währenddessen Paprika längs halbieren, entkernen und waschen. Möhre putzen und schälen. Beides in kleine Würfel schneiden. Zwiebel und Knoblauch schälen und klein schneiden.

3 Kokosöl in einer Pfanne erhitzen und Zwiebe und Knoblauch darin 2 Minuten anbraten. Tomatenmark, Paprika und Möhre dazugeben und ebenso kurz andünsten.

4 Dann Kokossahne, Little Italy, Kichererbsen und italienische Kräuter nach Belieben hinzugeben und vermengen. Etwa 5 Minuten köcheln lassen.

5 Zum Servieren den gekochten Reis und das fertige Gemüse im Topf verrühren, anschließend in eine Schüssel geben und mit frischem Basilikum und 1 Limettenscheibe garnieren.

ZUTATEN

120 g Reis

½ rote Paprikaschote

1 Möhre

1 Zwiebel

1 Knoblauchzehe

1 TL Kokosöl

1 EL Tomatenmark

1 EL Kokossahne

1 Glas Little Lunch Little Italy

150 g Kichererbsen (vorgekocht, abgetropft)

italienische Kräuter (nach Belieben)

Salz, Pfeffer

1 Handvoll Basilikum

1 Bio-Limette

CURRY MIT MANGOLD
UND TOMATEN

ZUBEREITUNG

1 Wasser in einem Topf zum Kochen bringen. Den Reis ins kochende Wasser geben und nach Packungsanweisung zubereiten.

2 Mangold putzen, waschen, trocken tupfen, die Blätter in Streifen und die Stiele in Stifte schneiden. Einige Blätter zum Garnieren beiseitelegen. Die Kirschtomaten waschen und halbieren.

3 In einer tiefen Pfanne Öl erhitzen und die Mangoldstifte hinzufügen. Salzen und etwa 5 Minuten köcheln lassen.

4 Die Mangoldblätter mit den Tomaten hinzugeben und weitere 5 Minuten garen lassen.

5 Mit Little India aufgießen und mit Salz und Pfeffer abschmecken.

6 Reis und Curry in einer Schüssel servieren und mit Mangoldblättern garnieren.

ZUTATEN

150 g Reis

3 Stauden Babymangold
(oder 1 Staude Mangold)

400 g Kirschtomaten

1 EL Öl

Salz

2 Gläser Little Lunch Little India

Pfeffer

REISNUDELN
MIT THAI-GEMÜSE

ZUBEREITUNG

1 Das Gemüse putzen, waschen und in mundgerechte Stücke schneiden, Chinakohl in Streifen schneiden. Pilze putzen und ebenfalls in Stücke schneiden.

2 1 bis 2 EL Öl in einer Pfanne erhitzen. Gemüse und Pilze dazugeben und anbraten, bis die Frühlingszwiebeln glasig sind und der Chinakohl etwas zusammengefallen ist.

3 Anschließend das Ganze mit Little Thai ablöschen und ein paar Minuten köcheln lassen, bis das Gemüse gar ist und die gewünschte Bissfestigkeit erreicht hat – mit Salz und Pfeffer abschmecken.

4 In der Zwischenzeit die Reisnudeln 10 Minuten in heißes Wasser legen (nicht kochen!) und anschließend abgießen.

5 Die gewünschte Portion Nudeln auf Teller verteilen und mit der Gemüsesauce servieren – nach Belieben mit Korianderblättern garnieren.

ZUTATEN

2 Frühlingszwiebeln

½ gelbe Paprikaschote

½ rote Paprikaschote

1 Handvoll Zuckerschoten

1 Handvoll Mungobohnensprossen

¼ Chinakohl

5 große Shiitake-Pilze

etwas Öl für die Pfanne

1 Glas Little Lunch Little Thai

Salz, Pfeffer

100 g breite Reisnudeln

etwas Koriander (nach Belieben)

TIPP
Koriander eignet sich hier sehr gut und sorgt für den typisch asiatischen Feinschliff.

PAPRIKA MIT FETA-COUSCOUS UND GRÜNER SALSA

ZUTATEN

Paprika

4 rote Paprikaschoten

150 ml Little Lunch Gemüsebrühe

1 EL Ras el-Hanout

Salz, Pfeffer

150 g Couscous

1 rote Zwiebel

½ Bund Petersilie

150 g Feta (Schafskäse)

4 EL Olivenöl

Grüne Salsa

1 großes Bund Petersilie

2 EL kleine Kapern

2 EL Olivenöl

1 TL Honig

abgeriebene Schale und Saft von ½ Bio-Zitrone

Meersalz

Pfeffer

ZUBEREITUNG

1 Den Backofen auf 160 °C Umluft vorheizen. Die Deckel der Paprikaschoten abschneiden. Schoten entkernen, waschen, trocken tupfen und auf einem mit Backpapier belegten Blech im Ofen auf der mittleren Schiene 10 bis 12 Minuten vorgaren.

2 Die Gemüsebrühe mit Ras el-Hanout kurz aufkochen. Mit eventuell Salz und Pfeffer abschmecken. Den Couscous mit der heißen Flüssigkeit übergießen und zugedeckt etwa 10 Minuten ziehen lassen. Die Zwiebel schälen und in feine Würfel schneiden. Die Paprikaschoten aus dem Ofen nehmen und leicht abkühlen lassen. Den Ofen nicht ausschalten.

3 Die Petersilie waschen und trocken schütteln, die Blätter abzupfen und fein hacken. Zwiebelwürfel, Petersilie und zerbröselten Feta mit dem Couscous mischen. Das Olivenöl unterrühren. Mit Salz und Pfeffer abschmecken. Die Paprikaschoten mit der Masse füllen. Im Ofen 10 bis 15 Minuten erhitzen.

4 Inzwischen für die Salsa die Petersilie waschen und trocken schütteln, die Blätter abzupfen und fein hacken. Petersilie mit Kapern vermengen. Olivenöl, Honig, Zitronenschale und -saft untermischen. Mit Salz und Pfeffer abschmecken.

5 Die Paprikaschoten mit der Salsa servieren.

TOMATEN-
ROTE-BETE-SUPPE

ZUBEREITUNG

1 Zwiebel und Knoblauch schälen, klein schneiden und in einer Pfanne in etwas Öl anschwitzen.

2 Rote Beten in kleine Würfel schneiden.

3 Tomatensuppe und einen Teil der Roten Beten in die Pfanne geben. Kurz köcheln lassen.

4 Mit Salz und Pfeffer abschmecken und mit restlichen Roten Beten und Basilikum anrichten.

ZUTATEN

1 Zwiebel

1 Knoblauchzehe

1 EL Öl

250 g Rote Beten (vorgegart)

1 Glas Little Lunch Tomatensuppe

Salz, Pfeffer

1 Handvoll Basilikum

TIPP

Die Roten Beten am besten mit Einweghandschuhen schneiden. Ihre Farbe ist äußerst hartnäckig und färbt die Hände für einige Zeit ein.

KALTE
KÜRBIS-MANGO-SUPPE

ZUBEREITUNG

1 Mangohälfte schälen, Fruchtfleisch vom Stein schneiden. Gurke waschen, putzen. Sellerie putzen, waschen. Alles grob zerkleinen, mit Kürbis, Mango und Eiswürfeln in einen Mixer geben und zu einer feinen Suppe pürieren.

2 Mit Salz würzen und in den Kühlschrank stellen.

3 In der Zwischenzeit das Topping zubereiten. Jalapeño waschen, in kleine Ringe schneiden, mit Koriander und Zitronensaft vermischen.

4 Topping über die kalte Suppe geben und genießen.

ZUTATEN

Suppe

½ reife Mango

1 kleine Gurke

1 Stange Sellerie

1 Glas Little Lunch Kürbis Mango

1 Handvoll Eiswürfel

Salz

Saft von ½ Zitrone

Topping

1 Jalapeño

2 EL grob gehackter Koriander

Saft von ½ Zitrone

TIPP

Wenn das Topping nicht allzu scharf sein soll, einfach die Kerne aus der Jalapeño entfernen – das mildert die Schärfe etwas.

DIE BESTEN TRICKS GEGEN HEISSHUNGERATTACKEN

Wir kennen sie alle: Es ziept im Magen – oder vielleicht auch nur im Kopf? Hirn an Magen: „Ich spüre eine Lücke, bitte schnell auffüllen!" Tja, nun ist aber nichts gekocht – und schon greifst du wahrscheinlich wieder schnell mal zum Schokoriegel oder zum fertigen Snack. Wir alle kennen auch den heimlichen Griff in die Chipstüte im Vorbeigehen. Daher erfährst du hier nun die besten Tricks, damit solche Heißhungerattacken gar nicht erst auftauchen.

1.
Am besten hast du Apfel, Banane, Nüsse und andere Gesundhappen immer in Griffweite, im Gepäck oder neben dir auf dem Schreibtisch.

2.
Außerdem schützen regelmäßige Mahlzeiten vor plötzlichen Heißhungerattacken. Füll dir daher auch für die Arbeit leckere Lunchboxen, die dich gut und abwechslungsreich durch den Tag bringen.

3.
Hierfür braucht es eine gute Planung, die mit einem gezielten Einkauf und einer ausreichenden Vorratshaltung beginnt. Damit verhinderst du außerdem Spontankäufe und die Heißhungersättigung durch nicht wertige Snacks.

4.
Bewusster essen heißt Zeit nehmen für deine Mahlzeit und Augen und Finger weg von den Bildschirmen (Handy, Fernseher usw.). Versuche, auch nicht im Vorbeigehen oder unterwegs schnell mal etwas zu dir zu nehmen. Nimm stattdessen die Mahlzeiten wieder bewusst ein und genieße sie. Wer dumpf in sich reinschaufelt vor der Glotze, nimmt häufig gar nicht mehr wahr, wie viel und wie genau er isst. Das natürliche Sättigungsgefühl wird „überfressen".

7.

Den Snackhunger kannst du bekämpfen, indem du die Zutaten austauschst: ungesalzene, unbehandelte Nüsse statt fettiger Chips. Gesunde, schmackhafte Gemüsesticks statt Salzstangen.

8.

Viel Wasser trinken, denn manchmal ist unserem Körper gar nicht genau klar, ob wir nun Durst oder Hunger haben.

6.

Süßes treibt den Blutzuckerspiegel übrigens rasend schnell nach oben, genauso schnell fällt er jedoch auch wieder ab und das verursacht dann schnell die nächste Hungerattacke. Ergo: Wer viel Süßes isst, hat schneller Hunger.

9.

Was nicht im Haus ist kann nicht gegessen werden. Vermeide es also, dir die berühmte Naschschale vor die Nase zu stellen, und halte auch den Vorrat an Junkfood minimal.

11.

Überhaupt lernt dein Körper gerade mit deiner Ernährungsumstellung ganz viel Neues. Das heißt, dass durch die gesünderen und regelmäßigeren Mahlzeiten und die genannten Maßnahmen die Heißhungerattacken ganz automatisch nachlassen werden. Gib deinem Körper Zeit für diese Umstellung. Er wird es dir danken!

5.

Es zwickt im Bauch, obwohl es noch gar nicht Zeit ist zum Essen? Hier kann dir Bewegung gut helfen. Die ist nicht nur gesund, sondern lenkt ab und macht gute Laune.

10.

Ein Portion Disziplin – mit der Zeit lernst du, nicht jedem Hungerimpuls gleich nachzugeben. Nimm dir stattdessen den Augenblick zu hinterfragen, ob diese kleine Magen-/Kopfnachricht wirklich akut ist oder nur eine Falschmeldung. Dann wählst du mit Bedacht die passende Maßnahme oder verdrängst den Impuls.

PASTINAKEN-SENF-SUPPE MIT GARTENKRESSE

ZUTATEN

500 g Pastinaken

2 kleine Zwiebeln

Olivenöl

500 ml Little Lunch Gemüsebrühe

½ TL gemahlene Kurkuma

1 Prise Zimt

1 Prise frisch geriebene Muskatnuss

1 EL glutenfreier Senf

100 ml Sojasahne

Salz, Pfeffer

ZUBEREITUNG

1 Die Pastinaken putzen, schälen und in kleine Stücke schneiden.

2 Zwiebeln schälen, grob hacken und in einem Topf in etwas Öl glasig anbraten. Pastinaken hinzugeben und kurz andünsten.

3 Zusammen mit der Gemüsebrühe und 1 Schuss Wasser ablöschen und 20 bis 30 Minuten köcheln lassen. Ab und zu umrühren.

4 Kurkuma, Zimt, Muskat, Senf und Sojasahne hinzugeben. Alles pürieren und mit Salz und Pfeffer abschmecken.

TIPP

Die Suppe in Schälchen füllen und mit Granat-apfelkernen, gehackten Haselnüssen und Kresse bestreuen.

RADIESCHENSUPPE
MIT KÜRBISKERNEN

ZUBEREITUNG

1 Radieschen mit Blättern gut waschen, putzen und klein schneiden. Dabei zwei Radieschen ganz lassen und zur Seite legen.

2 Kürbiskerne in einer Pfanne unter ständigem Rühren anrösten.

3 Kleingeschnittene Radieschen, Joghurt und Gemüsebrühe in einem Mixer fein pürieren. Mit Zitronensaft, Salz und Pfeffer abschmecken.

4 Die beiden ganz gelassenen Radieschen in Scheiben schneiden und mit Kürbiskernen und Gartenkresse in Schüsseln anrichten.

ZUTATEN

2 Bund Radieschen

1 Handvoll Kürbiskerne

600 g Joghurt

250 ml Little Lunch Gemüsebrühe

Saft von 1 Zitrone

Salz, Pfeffer

etwas Gartenkresse

KUKURUZSUPPE

ZUBEREITUNG

1 Die Süßkartoffel schälen, waschen und in kleine Würfel schneiden. In einem hohen Topf im Rapsöl kurz anschwitzen, ohne die Süßkartoffel zu bräunen.

2 Mais dazugeben, umrühren und mit etwas Wasser aufgießen.

3 Salzen und bei schwacher Hitze etwa 20 Minuten leicht köcheln lassen, bis das Gemüse weich ist.

4 Die Sahne dazugeben und alles einmal kurz aufkochen lassen.

5 Einen Stabmixer einige Male kurz durch die Suppe ziehen. Die Suppe sollte sämig werden, aber das Gemüse noch stückig bleiben. Mit Salz und Pfeffer abschmecken.

6 Dill waschen, trocken schütteln, Spitzen abzupfen und in die Suppe rühren. Nicht aufkochen lassen.

7 Suppe in Schüsseln verteilen und genießen.

ZUTATEN

1 Süßkartoffel

1 EL Rapsöl

400 g Mais (aus der Dose)

Salz

300 g Sahne

Cayennepfeffer

½ Bund Dill

SAUERKRAUTSUPPE

ZUTATEN

250 g Sauerkraut

1 Apfel

1 EL Öl

250 ml Little Lunch Gemüsebrühe

200 g Sahne

100 g Frischkäse

Salz

1 TL getrocknetes Bohnenkraut

1 Lorbeerblatt

2 Nelken

2 Wacholderbeeren

Pfeffer

TIPP

Fertige Suppen mit fein geschnittenen Apfelstücken und Sprossen bestreut servieren.

ZUBEREITUNG

1 Sauerkraut in einem Sieb abtropfen lassen und gut ausdrücken. Anschließend grob hacken.

2 Apfel waschen, schälen, halbieren, Kerngehäuse entfernen und klein schneiden.

3 Öl in einen Topf geben, Sauerkraut und Apfel darin andünsten. Mit Gemüsebrühe, etwas Wasser und Sahne aufgießen.

4 Frischkäse, Salz, Bohnenkraut, Lorbeerblatt, Nelken und Wacholderbeeren hinzufügen, aufkochen und zugedeckt bei mittlerer Hitze 5 Minuten kochen lassen.

5 Zum Schluss mit Salz und Pfeffer nach Belieben würzen und in Schüsseln anrichten.

ZWIEBELCREMESUPPE
MIT APFEL UND SPECK

ZUBEREITUNG

1 Geräucherten Speck in feine Streifen schneiden und in einer großen Pfanne knusprig braten.

2 In der Zwischenzeit die Zwiebeln schälen und in Streifen schneiden.

3 Einen Apfel waschen, schälen, klein schneiden. Den zweiten Apfel beiseitelegen.

4 Speck aus der Pfanne nehmen.

5 Die Zwiebeln im Olivenöl in einem Topf andünsten, den klein geschnittenen Apfel und Speck dazugeben und kurz mitdünsten.

6 Mit Weißwein, Sahne, Balsamico und Gemüsebrühe ablöschen und den Topf evtl. mit etwas Wasser auffüllen. Anschließend alles zusammen im Mixer oder mit einem Stabmixer pürieren.

7 Mit Zucker, Salz und Pfeffer würzen.

8 Butter in einer weiteren Pfanne erhitzen. Den zweiten Apfel waschen, halbieren, Kerngehäuse entfernen. Apfel in Spalten schneiden, in der Butter anrösten.

9 Die fertige Suppe in Schüsseln anrichten, mit Apfelspalten und Speck und nach Belieben mit Schnittlauch garnieren.

ZUTATEN

200 g geräucherter Speck

800 g Zwiebeln

2 Äpfe

3 EL Olivenöl

150 ml Weißwein

600 g Sahne

4 EL Balsamico

200 ml Little Lunch Gemüsebrühe

2 EL Rohrohrzucker

Salz, Pfeffer

2 EL Schnittlauch

50 g Butter

GEMINZTE
ERBSEN-BROKKOLI-SUPPE

ZUBEREITUNG

1 Brokkoli putzen, waschen, in Röschen teilen. Stiele schälen und klein schneiden. Gefrorene Erbsen und Brokkoli in einen Topf geben. Mit Gemüsebrühe, Sojasahne und etwas Wasser angießen, Topf auf den Herd stellen und das Ganze bei mittlerer Temperatur erhitzen.

2 Zwiebel und Knoblauch schälen, grob hacken und mit in den Topf geben.

3 Topfinhalt aufkochen lassen, umrühren und etwa 15 Minuten offen köcheln lassen.

4 Suppe im Mixer gründlich pürieren. Mit Salz und Pfeffer abschmecken und mit Kürbiskernen und/oder Sprossen servieren.

ZUTATEN

Suppe

2 ganze Köpfe Brokkoli

400 g TK-Erbsen

400 ml Little Lunch Gemüse-brühe

400 ml Sojasahne

1 Zwiebel

2 Knoblauchzehen

Salz, Pfeffer

Topping

Kürbiskerne und/oder Sprossen

KÄSESUPPE
MIT KRÄUTERCROÛTONS

ZUTATEN

Suppe

2 Zwiebeln

1 Knoblauchzehe

1 EL Butter

100 ml Weißwein

400 ml Little Lunch Gemüsebrühe

200 ml Milch

200 g Sahne

200 g Emmentaler

Salz, Pfeffer

frisch geriebene Muskatnuss

Kräutercroûtons

2 Scheiben Toastbrot

½ Bund Petersilie

3 Zweige Majoran

1 EL Butter

Salz, Pfeffer

ZUBEREITUNG

1 Für die Suppe die Zwiebeln und den Knoblauch schälen und grob würfeln. Die Butter in einem Topf erhitzen, die Zwiebeln und den Knoblauch darin andünsten. Den Wein angießen und etwas einkochen lassen. Die Brühe, die Milch und die Sahne dazugeben und die Hitze reduzieren. Den Käse reiben und nach und nach unterrühren, bis er vollständig geschmolzen ist.

2 Die Suppe mit dem Stabmixer pürieren. Mit Salz, Pfeffer und Muskatnuss abschmecken.

3 Für die Kräutercroûtons die Toastscheiben entrinden und das Brot in Würfel schneiden. Die Petersilie und den Majoran waschen und trocken schütteln. Die Blätter abzupfen und fein hacken.

4 Die Butter in einer Pfanne erhitzen, die Brotwürfel mit den Kräutern mischen und in der Butter goldbraun anbraten. Mit Salz und Pfeffer würzen.

5 Die Suppe auf Teller oder Schalen verteilen und mit den Croûtons servieren.

DIESE BASICS GEHÖREN IN DEINEN KÜHLSCHRANK UND IN DEINE VORRATSKAMMER

Wie jetzt – du hast noch keinen Ort für Vorräte? Bist eher der Typ Spontankäufer? Das darf jetzt gerne anders werden. Eine gute Vorratshaltung schont Geldbeutel, Gesundheit und deine Zeit. Wer richtig clever ist, erstellt sogar Wochenspeisepläne und gestaltet so entsprechend seinen Einkauf.

Erst mal eine Frischekur: Starte mit einer großen Aufräumaktion im Kühlschrank. Räume ihn komplett leer, entferne alle Elemente und reinige alles mit heißem Essigwasser.

Was kann bleiben und was soll weg? Pudding, Schokoriegel, mit Zucker gesüßte Joghurts können getrost an Freunde und Kollegen verschenkt werden. Höchste Zeit, auch die angebrochenen Grillsaucen und andere Gläser sowie abgelaufene Zutaten aus der Vorsaison auszusortieren. Das Gleiche kannst du bei der Gelegenheit auch – wenn vorhanden – mit deinem Vorratsschrank machen.

Um nicht sofort bei jedem Heißhunger den Pizzadienst anzurufen, schaffe dir nun einen guten Grundstock im Kühlschrank und in der Speisekammer.

IN DEN KÜHLSCHRANK/DAS GEFRIERFACH GEHÖREN:

- Milch – auch in pflanzlichen Varianten wie Soja-, Hafer-, Reis- oder Mandeldrink
- Joghurt – oder die pflanzlichen Alternativen
- Frischkäse
- Eier
- Beeren und Obst – je nach Saison
- Äpfel (halten sich gut und schmecken besser kalt)
- Kräuter – nach Jahreszeit entweder frisch, getrocknet oder gefroren
- Gemüse je nach Saison: Möhren, Paprika, Zucchini, Erbsen (je nach Saison auch TK), Schoten, Bohnen, Frühlingszwiebeln, Lauch, Beten, Kohlarten usw
- Salate, Gurken
- Senf – gerne auch in feineren Varianten für Salatdressings
- Currypaste
- Parmesan/Feta/Reibekäse
- Zitronen/Zitronensaft

Tomaten und Bananen gehören übrigens nicht in den Kühlschrank. Manche Lebensmittel vertragen sich nicht in der Gruppe. Daher Äpfel auch lieber getrennt aufbewahren, weil sie andere Früchte und Gemüse schneller reifen und verderben lassen. Kürbis hält sich lange und muss nicht in den Kühlschrank.

VORRATSSCHRANK:

- gutes Öl in Bioqualität, Oliven-, Raps-, Sonnenblumen-, Leinöl usw.
- Bratöl
- verschiedene Balsamico-Essige – für Salatsaucen und zum Abschmecken von Saucen
- Sojasauce in verschiedenen Varianten
- Dinkel-, Roggenmehl in verschiedenen Varianten
- Vollkornreis
- Basmatireis
- Bulgur
- Hirse
- Couscous
- Honig/Agavendicksaft
- Datteln
- Rohrohrzucker
- Tahin (Sesampaste)
- Nudeln – in verschiedenen Varianten
- Sesam, Sonnenblumen- und Kürbiskerne
- Flocken
- Tofu
- Kichererbsen
- Kidneybohnen
- Kokosmilch
- Nussmus
- Mais
- Reiskekse
- Tomaten, püriert und in Stückchen
- getrocknete Tomaten
- Tomatenmark
- Kakaopulver
- dunkle Schokolade
- Samen, Nüsse, Hülsenfrüchte
- Gewürze wie Kurkuma, Paprikapulver, Kräutersalz, Meersalz, Pfeffer, Curry, Muskatnüsse Vanilleschoten, Zimt
- Little Lunch-Supper, -Brühen
- Kartoffeln, Süßkartoffeln

MEAL PREP

BULGURSALAT

ZUBEREITUNG

1 Zwiebel und Knoblauch schälen, in kleine Stücke schneiden und in einer Pfanne in Öl mit Kurkuma und Ras el-Hanout anschwitzen.

2 Bulgur zugeben, mit Brühe aufgießen, mit Salz und Pfeffer würzen.

3 Kurz aufkochen lassen und für wenige Minuten ziehen lassen, bis der Bulgur weich ist.

4 Parallel Paprika halbieren, entkernen, waschen und in kleine Würfel schneiden.

5 Minze und Petersilie waschen, trocken schütteln, Blätter abzupfen, fein hacken und mit den Paprikawürfeln in die Pfanne geben.

6 Die Granatapfelkerne aus dem Granatapfel schälen.

7 Feta in Würfel schneiden und mit Cashewkernen und Granatapfelkernen zum Bulgursalat geben.

8 Mit Olivenöl, Zitronensaft, Salz und Pfeffer abschmecken.

ZUTATEN

1 Zwiebel

1 Knoblauchzehe

1 EL Öl

1 EL gemahlene Kurkuma

1 EL Ras el-Hanout

200 g Bulgur

2 TL Little Lunch Gemüsebrühe

1 rote Paprikaschote

1 Bund Minze

1 Bund Petersilie

1 Granatapfel

150 g Feta (Schafskäse)

1 Handvoll Cashewkerne

4 EL Olivenö

Saft von 1 Zitrone

Salz, Pfeffer

ROTKOHLSALAT
MIT SCHWARZEM REIS

ZUBEREITUNG

1 Den schwarzen Reis in Salzwasser nach Packungsanweisung bissfest garen und abkühlen lassen.

2 Inzwischen den Rotkohl putzen und auf der Gemüsereibe in feine Streifen hobeln. Die Möhre putzen und schälen, den Apfel waschen, halbieren, entkernen und beides ebenfalls fein raspeln.

3 Für die Vinaigrette Essig, Senf und Leinöl in einer Salatschüssel gut verrühren und mit Salz und Pfeffer würzen. Dann das geraspelte Gemüse und Obst damit vermischen.

4 Das Hähnchenbrustfilet waschen, trocken tupfen und in mundgerechte Stücke schneiden. Die Hähnchenstücke mit Salz und Pfeffer würzen und in einer Pfanne in etwas Öl rundum braten.

5 Den Reis und das warme Hähnchen zum Salat in die Schüssel geben. Alles mischen und mit zerkleinertem Gorgonzola und Pistazien bestreuen.

ZUTATEN

100 g schwarzer Reis

Salz

½ Kopf Rotkohl

1 Möhre

1 Apfel

6 EL Rotweinessig

1 EL glutenfreier Senf

3 EL Leinöl

Pfeffer

1 Hähnchenbrustfilet

Öl zum Braten

80 g Gorgonzola

2 EL gehackte Pistazien

GANZ EASY – PLASTIK VERMEIDEN IM ALLTAG

Nachhaltigkeit liegt uns sehr am Herzen, daher versuchen wir, auch unternehmerisch immer darüber nachzudenken, wie wir umwelt- und klimafreundlich handeln können. Deshalb gibt es die Little-Lunch-Suppen auch in Gläsern, die man auf unterschiedlichste Arten wiederverwerten kann. Für die Verpackung verwenden wir außerdem Recycling-Kartonagen und -Papier. Wenn jeder Einzelne von uns ein Bewusstsein dafür entwickelt und auch danach handelt, wird das unserer Umwelt enorm helfen, Abfallberge zu vermeiden und das Klima zu schützen.

Wir als Konsumenten haben viel Macht – wir müssen sie nur ausüben. Plastikmüll ist ein großes Übel und ein riesiges Problem für die Weltmeere und unser Trinkwasser. Umweltverschmutzung, Tierleid, Artensterben, Klimawandel, Millionen Mikropartikel, die wir mit dem Trinkwasser wieder aufnehmen, sind nur einige der bekannten Problemfelder. Hier findest du ganz einfache Tipps, die dir im Alltag helfen werden, Plastik zu umgehen und dadurch Müll zu vermeiden.

1.
Plastikverpackungen meiden

Gemüse und Obst der Saison gibt es auch unverpackt auf Wochenmärkten und in Biokisten. Auch im Supermarkt kannst du unverpackte Waren wählen.

3.
Mehrwegtasse statt Wegwerfbecher
Mittlerweile gibt es zahlreiche Initiativen von Bäckereien und Kiosken, die Mehrwegbecher anbieten oder sogar das Mitbringen der eigenen Tasse erlauben. Besorge dir schöne To-go-Becher und Flaschen und füll sie zu Hause selbst.

4.
Mehrwegflaschen
Wasser aus dem Wasserhahn ist immer verfügbar. Wir haben in Deutschland eine sehr gute Wasserqualität und strenge Untersuchungskriterien. Wenn du Wasser nur mit Kohlensäure magst, kauf dir einen Wassersprudler.

2.
Stoffbeutel und Einkaufstaschen – statt Plastiktüten
Besorge dir eine ausreichende Menge Einkaufsbeutel aus Stoff oder recyceltem Material und deponiere sie überall an relevanten Stellen – im Rucksack, in der Handtasche, im Fahrradkorb oder auch im Auto.

5.
Unsichtbare Feinde
Mit einer App kannst du beim Einkaufen scannen, ob die Produkte mit Mikropartikeln versehen sind. Meide sie genauso wie „Plastikmode" und wähle lieber Naturfasern.

KÜRBISSUPPE MIT ERDNUSSBUTTER UND KORIANDER

ZUTATEN

1 Knoblauchzehe

1 fingergroßes Stück Ingwer

1 Chilischote

1 Hokkaidokürbis

1 Möhre

1 Dose Kokosmilch

1 großer EL Erdnussbutter

gemahlener Kreuzkümmel

frisch geriebene Muskatnuss

gemahlene Kurkuma

Salz, Pfeffer

Sojasauce

1 Handvoll Koriander und Erdnüsse

ZUBEREITUNG

1 Knoblauch und Ingwer schälen und wie die gewaschene Chili fein hacken. Anschließend in einem großen Topf anbraten.

2 Hokkaidokürbis halbieren, entkernen, schälen und in 2 x 2 cm große Stücke schneiden. Möhre putzen, schälen und klein schneiden.

3 Das Gemüse in den Topf geben und kurz anbraten. Mit Kokosmilch und 1 l Wasser aufgießen. Erdnussbutter und Kreuzkümmel dazugeben.

4 Deckel auf den Topf setzen und die Suppe bei kleiner Hitze etwa 40 Minuten köcheln lassen. Mit einem spitzen Messer prüfen, ob das Gemüse gar ist.

5 Wenn das Gemüse weich ist, die Suppe mit einem Stab-mixer fein pürieren.

6 Die Suppe mit Muskat, Kurku-ma, Kreuzkümmel, Salz, Pfeffer und Sojasauce abschmecken.

7 Koriander waschen, trocken schütteln, in Streifen schnei-den. Die Suppe mit Koriander und Erdnüssen garnieren.

TIPP

Für einen noch nussi-geren Kürbisgeschmack den Hokkaidokürbis nicht schälen.

KOKOS-SPINAT-CURRY MIT TOMATEN UND REIS

ZUBEREITUNG

1 Jasminreis nach Packungsanweisung zubereiten.

2 Zwiebel und Knoblauch schälen und fein hacken. Kirschtomaten waschen und halbieren. Babyspinat waschen und trocknen.

3 Öl in einer großen Pfanne erhitzen und Zwiebel und Knoblauch darin anschwitzen.

4 Kirschtomaten hinzufügen und ein paar Minuten mitbraten, anschließend mit Kokosmilch ablöschen.

5 Garam Masala, Kurkuma, Kreuzkümmel, Salz und Pfeffer hinzufügen und 10 bis 15 Minuten einköcheln lassen.

6 Spinat und Erdnüsse hinzufügen und Spinat zusammenfallen lassen.

7 Nach Geschmack mit Salz und den Gewürzen abschmecken.

8 Mit Reis auf Tellern servieren und genießen.

ZUTATEN

1 Tasse Jasminreis (ca. 200 g)

1 Zwiebel

1 Knoblauchzehe

500 g Kirschtomaten

1 EL Öl

2 Handvoll Babyspinat

400 ml Kokosmilch

2 TL Garam Masala

2 TL gemahlene Kurkuma

1 TL gemahlener Kreuzkümmel

Salz, Pfeffer

1 Handvoll Erdnusskerne

CHILI
CON TOFU

ZUBEREITUNG

1 Zwiebel und Knoblauch schälen und fein würfeln. Chilischote waschen, fein hacken und bei mittlerer Hitze anschwitzen, Zwiebel- und Knoblauchwürfel hinzugeben und mit zerkrümeltem Tofu 5 Minuten anbraten.

2 Das Tomatenmark einrühren und angehen lassen. Die gehackten Tomaten mit dem Saft hinzufügen, Brühe hinzufügen. Mit Salz, Cayennepfeffer, Zucker und Kreuzkümmel abschmecken und das Chili con Tofu etwa 20 Minuten lang zugedeckt köcheln lassen.

3 Paprikaschote halbieren und entkernen, waschen und in ca. 1 cm große Stücke schneiden. Kidneybohnen und Mais in ein Sieb geben, mit kaltem Wasser abbrausen und abtropfen lassen.

4 Die Paprikastücke zum Chili in den Topf geben und weitere 10 Minuten köcheln lassen, die restlichen Zutaten dazugeben, aufkochen lassen und mit Limettensaft abschmecken. Koriander waschen, trocken schütteln, Blätter abzupfen. Mit Chili garnieren.

ZUTATEN

1 Zwiebel

1 Knoblauchzehe

1 rote Chilischote

250 g Tofu Natur (oder Räucher-tofu)

1 EL Tomatenmark

200 ml gehackte Tomaten

1 TL Little Lunch Gemüsebrühe

200 ml gehackte Tomaten (aus der Dose)

Salz, Cayennepfeffer

1 Prise Rohrohrzucker

2 TL gemahlener Kreuzkümmel

1 rote Paprikaschote

100 g Kidneybohnen (vorgekocht; aus der Dose)

100 g Mais (vorgekocht; aus der Dose)

Saft von 1 Limette

1 Bund Koriander

TIPP

Mit frischen Brot, Reis oder Tortillas servieren.

KÜRBIS-QUINOA

ZUTATEN

200 g weiße Quinoa

500 ml Little Lunch Gemüsebrühe

Salz, Pfeffer

1 Zwiebel

2 Knoblauchzehen

2 EL Olivenöl

1 kleiner Hokkaidokürbis

1 Möhre

2 Handvoll Babyspinat

100 g getrocknete Tomaten

1 Handvoll Kürbiskerne

50 g Parmesan

ZUBEREITUNG

1 Quinoa mit doppelter Wassermenge und der Gemüsebrühe in einem Topf kurz aufkochen lassen und ca. 15 Minuten lang köcheln lassen, bis die gesamte Flüssigkeit aufgesogen ist. Mit Salz und Pfeffer abschmecken.

2 Währenddessen Zwiebel und Knoblauchzehen schälen, würfeln und in einer Pfanne im Olivenöl glasig dünsten.

3 Hokkaidokürbis halbieren, entkernen und schälen. In etwa 2 x 2 cm große Stücke schneiden. Möhre putzen, schälen und klein schneiden.

4 Das Gemüse in den Topf geben und kurz anbraten.

5 Babyspinat waschen, hinzufügen und zusammenfallen lassen.

6 Die getrockneten Tomaten klein schneiden und zusammen mit dem Gemüse und den Kürbiskernen unter die Quinoa heben.

7 Etwas abkühlen lassen und mit frisch geriebenem Parmesan garnieren.

CHIAPUDDING
MIT BEEREN

ZUBEREITUNG

1 Chiasamen, Agavendicksaft und Zimtstange in eine Schüssel geben und Kokosmilch dazugießen.

2 Alles verrühren und etwa 30 Minuten quellen lassen. Die Zimtstange entfernen.

3 Beeren verlesen, waschen und trocken tupfen. Pudding mit den Beeren und nach Belieben der Zimtstange garnieren.

ZUTATEN

½ Tasse Chiasamen (ca. 40 g)

1 TL Agavendicksaft

1 Zimtstange

¾ Tasse Kokosmilch (ca. 100 ml)

1 Handvoll gemischte Beeren

HERZHAFTES PORRIDGE
MIT TOMATEN UND PILZEN

ZUBEREITUNG

1 Kirschtomaten waschen und halbieren. Pilze putzen und in Scheiben schneiden. Spinat waschen. Zwiebel schälen, in Würfel schneiden.

2 Rapsöl in einer tiefen Pfanne erhitzen und die Zwiebel darin anschwitzen. Die Kirschtomaten zugeben und 2 Minuten anbraten.

3 Dann die groben Haferflocken, die Gemüsebrühe, etwas Wasser und die Shiitake zugeben und unter Rühren 3 Minuten köcheln lassen.

4 Anschließend den Spinat und Joghurt zugeben und unterrühren. Spinat zusammenfallen lassen.

5 Porridge mit Zitronensaft, Salz und Pfeffer abschmecken, in Schälchen geben und mit Chiliflocken bestreuen.

ZUTATEN

200 g Kirschtomaten

200 g Shiitake-Pilze

2 Handvoll Spinat

1 Zwiebel

1 EL Rapsöl

100 g grobe Haferflocken

500 ml Little Lunch Gemüsebrühe

100 g Joghurt

Saft von einer ½ Zitrone

Salz, Pfeffer

Chiliflocken

»ES MACHT EINFACH RIESIGEN SPASS, MIT MENSCHEN ZUSAMMEN-ZUARBEITEN, DIE MAN LIEBT.«

KICHERERBSEN-BOWL
MIT QUINOA (KALT)

ZUTATEN

200 g rote Quinoa

500 ml Little Lunch Gemüsebrühe

1 rote Zwiebel

250 g Kirschtomaten

800 g Kichererbsen (vorgekocht)

½ Bund Petersilie

4 EL Olivenöl

1 EL Honig

2 EL heller Balsamico

Salz, Pfeffer

ZUBEREITUNG

1 Quinoa unter fließendem Wasser abbrausen und zusammen mit der Gemüsebrühe 15 Minuten im Topf köcheln lassen. Anschließend Quinoa 5 Minuten ziehen lassen und mit einer Gabel leicht auflockern.

2 Inzwischen Zwiebel schälen, klein schneiden. Die Kirschtomaten waschen und halbieren. Die Kichererbsen abgießen und unter fließendem Wasser waschen.

3 Quinoa, Kichererbsen, Zwiebel und Kirschtomaten in eine Schüssel geben.

4 Petersilie waschen, trocken schütteln, Blätter abzupfen, fein hacken und in die Schüssel geben.

5 Für das Dressing Olivenöl, Honig und Balsamico vermischen. Dressing mit Salz und Pfeffer abschmecken und mit den anderen Zutaten vermengen.

PAPPARDELLE
MIT PILZEN UND TOMATEN

ZUBEREITUNG

1 Die Pappardelle in reichlich kochendem Salzwasser etwa 2 Minuten kürzer als auf der Packung angegeben garen, dabei ab und zu umrühren. In ein Sieb abgießen und abtropfen lassen.

2 Inzwischen die Pilze putzen, trocken abreiben und in etwa ½ cm dicke Scheiben schneiden.

3 Die getrockneten Tomaten abtropfen lassen und in etwa ½ cm breite Streifen schneiden. Die Frühlingszwiebeln putzen, waschen und schräg in etwa ½ cm dünne Ringe schneiden.

4 Die Gemüsebrühe in einer tiefen Pfanne mit Knoblauch erhitzen. Die vorgegarten Nudeln mit Champignons und Frühlingszwiebeln dazugeben und alles etwa 2 Minuten garen, bis die Nudeln fast die gesamte Flüssigkeit aufgenommen haben.

5 Die Tomaten hinzufügen, zuletzt die kalte Butter oder das Olivenöl unterrühren und alles mit Salz und Pfeffer würzen.

6 Zum Servieren die Pappardelle auf Teller verteilen und mit Parmesan bestreuen.

ZUTATEN

200 g Pappardelle
(breite Bandnudeln)

Salz

60 g kleine feste Champignons

50 g getrocknete Tomaten
(in Öl)

2 Frühlingszwiebeln

125 ml Little Lunch Gemüsebrühe

1 fein geriebene Knoblauchzehe

1 EL kalte Butter oder mildes
Olivenöl

Pfeffer

2 EL geriebener Parmesan

GEMÜSE-JAMBALAYA

ZUBEREITUNG

1 Den Rundkornreis nach Packungsanweisung garen.

2 Inzwischen Zwiebeln und Knoblauch schälen und klein schneiden.

3 Paprika halbieren, entkernen, waschen und klein schneiden. Möhren putzen und schälen. Sellerie putzen und waschen. Beides klein schneiden.

4 Das klein geschnittene Gemüse mit der Gemüsebrühe und etwas Wasser in eine Pfanne geben und 5 Minuten unter Rühren aufkochen lassen.

5 Stückige Tomaten, Kidneybohnen, Paprikapulver, Oregano, Thymian, Salz, Pfeffer, Lorbeerblätter und Weißwein dazugeben.

6 Aufkochen lassen und das Gemüse bei niedriger Temperatur weich köcheln.

7 Den gekochten Reis untermischen und weitere 5 Minuten köcheln lassen.

8 Petersilie waschen, trocken schütteln, Blätter abzupfen, klein hacken und als Topping auf das servierfertige Gericht streuen.

ZUTATEN

200 g Rundkornreis

2 Zwiebeln

3 Knoblauchzehen

1 rote Paprikaschote

2 Möhren

2 Stangen Sellerie

500 ml Little Lunch Gemüsebrühe

400 g stückige Tomaten (aus der Dose)

400 g Kidneybohnen (vorgekocht; aus der Dose)

1½ TL geräuchertes Paprikapulver

1 TL getrockneter Oregano

1 TL getrockneter Thymian

Salz, Pfeffer

2 Lorbeerblätter

150 ml Weißwein

½ Bund Petersilie

LINSEN-GEMÜSESALAT

ZUTATEN

100 g rote Linsen

100 g schwarze Linsen

2 Spitzpaprikaschoten

2 Möhren

2 Strauchtomaten

1 Bund Frühlingszwiebeln

1 EL Öl

Salz, Pfeffer

700 ml Little Lunch Gemüsebrühe

6–8 EL heller Balsamico

1 EL Senf

4 EL Rapsöl

1–2 EL Honig

TIPP

Für die vegane Variante Honig durch Agavendicksaft austauschen.

ZUBEREITUNG

1 Linsen in einem Sieb mit kaltem Wasser abbrausen, mit etwas Wasser in einen Topf geben, zugedeckt aufkochen und bei mittlerer Hitze 25 bis 30 Minuten garen.

2 In der Zwischenzeit Spitzpaprika halbieren, entkernen, waschen und fein schneiden. Möhren putzen, schälen. Strauchtomaten waschen, putzen und klein schneiden. Frühlingszwiebeln putzen, waschen und in feine Stücke schneiden.

3 Öl in einem Topf erhitzen. Spitzpaprika, Möhren und Frühlingszwiebeln zugeben und 2 Minuten dünsten. Salzen und pfeffern.

4 Mit Gemüsebrühe und etwas Wasser ablöschen und bei mittlerer Hitze 5 Minuten garen.

5 Balsamico, Senf, Rapsöl, Honig, Salz und Pfeffer verrühren.

6 Linsen in ein Sieb abgießen und kurz mit kaltem Wasser abbrausen.

7 Alle vorbereiteten Zutaten in einer Schüssel mit dem Dressing gut mischen. Nach Belieben mit Salz und Pfeffer abschmecken.

THUNFISCHSALAT MIT TOMATEN UND PAPRIKA

ZUBEREITUNG

1 Die Zwiebel schälen, fein hacken. Petersilie und Koriander waschen, trocken schütteln, Blätter abzupfen und fein hacken. Tomaten waschen, putzen. Paprika halbieren, entkernen, waschen. Alles in Würfel schneiden.

2 Den Thunfisch im eigenen Saft abtropfen lassen und mit einer Gabel etwas zerkleinern.

3 In einer Salatschüssel Olivenöl und Balsamico mit Zitronensaft verrühren.

4 Das geschnittene Gemüse und den Thunfisch in die Schüssel geben und mit dem Dressing vermengen. Mit Salz und Pfeffer nach Belieben würzen.

ZUTATEN

1 Zwiebel

½ Bund Petersilie

½ Bund Koriander

2 große Tomaten

1 rote Paprikaschote

1 gelbe Paprikaschote

360 g Thunfisch im eigenen Saft

4 EL Olivenöl

2 EL heller Balsamico

1 Spritzer Zitronensaft

Salz, Pfeffer

LECKERE
GERICHTE MIT
WENIGEN
ZUTATEN

GEFÜLLTE AVOCADO

ZUBEREITUNG

1 Die Paprikaschoten längs halbieren, entkernen, waschen und in kleine Würfel schneiden. Die Zucchini waschen und ebenfalls in kleine Würfel schneiden.

2 In einer Pfanne 3 EL Olivenöl erhitzen und die Paprika bei starker Hitze anbraten. Dann die Zucchini untermischen und kurz mitbraten.

3 Die Avocados halbieren und jeweils den Stein entfernen. Die Avocadohälften schälen und das Fruchtfleisch mit Salz würzen. In einer beschichteten Pfanne das restliche Olivenöl erhitzen und die Avocados auf beiden Seiten anbraten.

4 Das Gemüse in die Avocadohälften geben und diese sofort servieren.

ZUTATEN

1 rote Paprikaschote
1 gelbe Paprikaschote
¼ Zucchini
4 EL Olivenöl
2 Avocados
Salz

TIPP

1 Zwiebel und 1 Knoblauchzehe können nach Belieben beim Anbraten des Gemüses ergänzt werden.

HÄHNCHENKEULE ASIA-STYLE

ZUTATEN

4 Hähnchenkeulen

Salz

4 Stauden Baby-Pak Choi

1 rote Paprikaschote

1 Glas Little Lunch Thai Suppe

ZUBEREITUNG

1 Den Backofen auf 200 °C vorheizen. Hähnchenkeulen waschen, trocken tupfen und mit etwas Salz bestreuen. Auf der mittleren Schiene im vorgeheizten Ofen 30 Minuten garen. Die Keulen dabei nach 15 Minuten einmal wenden.

2 Pak Choi putzen, waschen und in Streifen schneiden. Paprika halbieren, entkernen, waschen und ebenfalls in Streifen schneiden. Gemüse in einer Pfanne anschwitzen.

3 Das angeschmorte Gemüse mit Little Thai aufgießen und 5 Minuten köcheln lassen. Keulen dazugeben und servieren.

TIPP

Die Hähnchenkeulen werden noch knuspriger, wenn du sie mit einer Mischung aus Öl und Honig (1:1) bestreichst.

PASTA AND CHEESE

ZUBEREITUNG

1 Mini-Penne nach Packungsanweisung al dente kochen und abgießen.

2 In der Zwischenzeit Butter in einem Topf erhitzen, vorsichtig einige Sekunden unter beständigem Rühren zum Schmelzen bringen.

3 Langsam die Sahne einrühren, dabei immer mit dem Schneebesen gut durchrühren, sodass sich keine Klümpchen bilden.

4 Kurz aufkochen lassen, dann sofort die Hitze reduzieren. Geriebenen Käse einrühren und das Ganze noch 1 Minute ganz sacht unter ständigem Rühren köcheln lassen, bis der geriebene Käse gut geschmolzen ist.

5 Vom Herd nehmen und die Pasta mit der Sauce servieren. Mit Salz und Pfeffer abschmecken. Nach Belieben mit Petersilie und Käse garnieren.

ZUTATEN

200 g Mini-Penne
2 EL Butter
400 g Sahne
200 g geriebener Käse
Salz, Pfeffer
etwas Petersilie (nach Belieben)

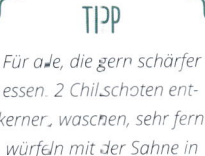

TIPP

Für alle, die gern schärfer essen. 2 Chilischoten entkernen, waschen, sehr fein würfeln mit der Sahne in den Topf geben.

HALLOUMI-AVOCADO-WALNUSS-SALAT

ZUBEREITUNG

1 Feldsalat putzen, waschen und trocken schütteln. Avocado halbieren, schälen, Kern entfernen und die Avocadohälften in Scheiben schneiden.

2 Halloumi-Scheiben nach Belieben in Streifen oder in Würfel schneiden. Anschließend kurz in der Bratpfanne anbraten oder grillen.

3 Auf einen Teller zunächst den Feldsalat geben, dann die Avocadoscheiben und schließlich den Halloumi auflegen.

4 Die Walnüsse grob hacken und über den Salat streuen. Nach Belieben mit Dressing servieren (siehe Tipp).

ZUTATEN

1 Handvoll Feldsalat

1 mittelharte Avocado

3 Halloumi-Scheiben

1 Handvoll Wallnusskerne

TIPP

Für ein schnelles Dressing: In einem Messbecher nach Geschmack Balsamico, Olivenöl und Zitronensaft mischen. Mit Salz und Pfeffer abschmecken.

DIE MISCHUNG MACHT'S – SO ERNÄHRST DU DICH AUSGEWOGEN UND ABWECHSLUNGSREICH

Keine Angst, es geht hier nicht darum, dir alle geliebten Snacks zu streichen. Wie immer im Leben kommt es auf die richtige Mischung an. Pommes, Döner, Schokoriegel oder Chips sind ab und zu und in Maßen in Ordnung. Bestimmen sie den Großteil deines Speiseplans, macht das jedoch müde, dick und auf Dauer krank. Durch unsere einseitigen Essgewohnheiten haben wir auch unsere Geschmackssinne in die Irre geführt, denn in Fast Food und Fertiggerichten sind viel Zucker, viel Chemie, sprich Farb-, Konservierungs- und Aromastoffe, sowie Geschmacksverstärker enthalten. Es wird eine Weile dauern, bis du dich an die natürliche Süße von Früchten, die vielfältigen Aromen und die Würzkraft von frischen Kräutern und Gemüse gewöhnt hast. Aber dann wirst du wahrscheinlich erstaunt sein, welche geschmackliche Vielfalt direkt aus der Natur kommt und nicht aus dem Chemielabor. Es heißt übrigens nicht umsonst „Lebens"-mittel.

1.
Ausreichend frisches Obst und Gemüse – idealerweise regional, saisonal, gerne bio – wie wir es auch für unsere Little-Lunch-Suppen, -Brühen und -Smoothies verwenden.

2.
Ade Salz. Mit frischen Kräutern bringst du eine würzige Note in dein Essen.

5.

Hülsenfrüchte, Samen und Nüsse haben einen hohen Protein- und Eisengehalt und ergänzen den Speiseplan gesund und lecker.

6.

Pflanzliche Öle wie Raps-, Oliven-, Lein-, Soja- oder Walnussöl haben einen hohen Anteil an sogenannten ungesättigten Fettsäuren.

7.

Ersetze Zucker durch andere Süßmittel wie Datteln. Bei Kuchenrezepten kannst du getrost einfach die Mengen reduzieren.

4.

Ein bis zwei Fleischgerichte wöchentlich plus einmal Fisch sind eine gute Mischung. Greife beim Einkauf zu hochwertigem Biofleisch aus der Region.

3.

Erhöhe den Anteil deiner Brot-, Teig- und Nudelauswahl durch Vollkornvarianten. Statt eines fettigen, pappigen Brötchens to go vom Discountbäcker wähle ein selbst gemachtes Frischkornmüsli.

8.

Beim Trinken kannst du ebenfalls viel für deine Gesundheit tun. Zwei bis Drei Liter Wasser oder ungesüßte Tees am Tag, alles andere in Maßen.

GRÜNES OMELETT
MIT ERBSEN

ZUTATEN

4 Frühlingszwiebeln

1 EL Öl

150 g Erbsen (frisch oder TK)

100 ml Little Lunch Gemüsebrühe

4 Eier

Salz, Pfeffer

TIPP

1 Handvoll Kerbel waschen, trocken schütteln, die Blätter abzupfen und fein hacken. Auf dem Omelett verteilen.

ZUBEREITUNG

1 Frühlingszwiebeln putzen und waschen, den weißen und grünen Teil getrennt in feine Ringe schneiden.

2 ½ EL Öl in einer Pfanne erhitzen und die weißen Frühlingszwiebelringe darin andünsten.

3 Die unaufgetauten Erbsen untermischen, die Gemüsebrühe angießen und alles offen köcheln lassen, bis die Flüssigkeit vol ständig verkocht ist. Auf einen Teller geben und etwas abkühlen lassen.

4 Für die Omelettmasse 1 Ei trennen. Das Eiweiß und 1 Prise Salz mit den Quirlen das Handrührgeräts zu steifem Schnee schlagen. Das Eigelb und die übrigen Eier verquirlen und mit Salz und Pfeffer würzen. Den Eischnee unterheben.

5 Etwas Öl in der Pfanne erhitzen und die Eier darin bei mittlerer Hitze garen, dabei die Masse immer wieder von den Rändern zur Mitte hin zusammenschieben. Sobald das Omelett leicht zu stocken beginnt, Erbsen und Frühlingszwiebelgrün darauf verteilen und das Omelett fertig garen. Das Omelett nach Belieben zusammenklappen, halbieren und auf Teller verteilen.

GRATINIERTE AUBERGINE ASIA-STYLE

ZUBEREITUNG

1 Für die Misocreme Misopaste, Honig, Sesamöl und 4 EL Wasser in einer flachen Schale mischen.

2 Die Auberginen putzen, waschen und längs halbieren. Die Schnittflächen kreuzförmig einschneiden und mit Salz würzen.

3 Das Öl in einer Pfanne erhitzen und die Auberginen darin auf beiden Seiten braun anbraten. Dann mit den Schnittflächen nach unten in die Misocreme legen und etwa 15 Minuten marinieren.

4 Den Backofen mit Grillfunktion auf 200 °C vorheizen.

5 Die Auberginen mit den Schnittflächen nach oben auf ein mit Backpapier belegtes Backblech setzen und im Ofen auf der mittleren Schiene 15 Minuten backen.

6 Die Auberginen mit der restlichen Marinade bestreichen und weitere 10 bis 15 Minuten backen, bis sie dunkelbraun karamellisiert sind. Herausnehmen und etwas abkühlen lassen.

7 Sesam in einer Pfanne ohne Fett rösten, bis er duftet. Die Frühlingszwiebeln putzen, waschen und in feine Ringe schneiden. Auberginen mit Frühlingszwiebeln und Sesam bestreut servieren.

ZUTATEN

Misocreme

2 EL Misopaste

1–2 EL Honig

1 EL Sesamöl

Außerdem

2 Auberginen

Salz

1 EL heller Sesam

1 EL Öl

2 Frühlingszwiebeln

SHAKSHUKA

ZUBEREITUNG

1 Paprika halbieren, entkernen, waschen, in kleine Streifen oder Würfel schneiden und unter Rühren ca. 5 Minuten in einer Pfanne in Öl glasig dünsten.

2 Die Tomatensuppe und den Kreuzkümmel dazugeben und 10 Minuten offen köcheln lassen.

3 Jetzt mit einem Esslöffel 4 bis 6 Mulden für die Eier in die Tomatenmasse drücken und jeweils 1 Ei hineinschlagen.

4 Deckel auf die Pfanne legen und Shakshuka ca. 5 Minuten weiterköcheln lassen. Das Ei soll innen noch leicht flüssig sein.

5 Petersilie waschen, trocken schütteln, Blättter abzupfen, fein hacken und die Shakschuka damit bestreuen.

ZUTATEN

4 Paprikaschoten

1 EL Öl

2 Gläser Little Lunch Tomatensuppe

1 TL gemahlener Kreuzkümme

4–6 Eier

1 Bund Petersilie

TIPP
Zu Shakshuka passt Brot oder Pita, um die leckere Sauce damit aufzusaugen.

LACHSFILET
AUF GESCHMORTEM GEMÜSE

ZUTATEN

1 Bund Frühlingszwiebeln

250 g Zuckerschoten

400 g Kirschtomaten

Rohrohrzucker

Salz, Pfeffer

400 g Lachsfilet

ZUBEREITUNG

1 Frühlingszwiebeln putzen, waschen und in kleine Ringe schneiden. Die Zuckerschoten waschen, putzen und schräg in Stücke schneiden. Die Kirschtomaten ebenfalls waschen und halbieren.

2 Das Gemüse in einer Bratpfanne anschwitzen und mit Zucker, Salz und Pfeffer würzen.

3 Das Lachsfilet abbrausen, in 4 Stücke schneiden, salzen, pfeffern und zugedeckt etwa 10 Minuten in einer zweiten Bratpfanne sanft gar schmoren lassen.

4 Das Gemüse auf Tellern anrichten, den Lachs darübergeben und nach Belieben mit frischen Kräutern garnieren.

»WIR HATTEN KEINE LUST MEHR AUF FETTIGES FAST FOOD ODER PULVER-SUPPEN VOLLER CHEMIE – MACHT JA JETZT AUCH NICHT SCHLANKER ...«

SPAGHETTI MIT KÜRBIS UND GETROCKNETEN TOMATEN

ZUBEREITUNG

1 Den Backofer auf 180°C vorheizen.

2 Den Hokkaidokürbis gründlich waschen, in mundgerechte Würfel schneiden. In einer passenden Schüssel mit Olivenöl vermengen und nach Belieben mit 1 guten Prise Salz und Pfeffer würzen.

3 Den Kürbis auf einem mit Backpapier ausgelegten Backblech für 15 bis 20 Minuten auf der mittleren Schiene im Ofen garen.

4 In der Zwischenzeit die Spaghetti nach Packungsanweisung al dente kochen.

5 Getrocknete Tomaten würfeln.

6 Die Tomaten in einer Pfanne 2 bis 3 Minuten anschwitzen und anschließend Little Italy dazugeben.

7 Die Spaghetti mit einer Nudelzange direkt und tropfnass aus dem Kochwasser in die Pfanne geben.

8 Die Kürbiswürfel zu den Spaghetti in die Pfanne geben und alles miteinander vermengen. Mit Salz und Pfeffer nach Belieben abschmecken.

ZUTATEN

400 g Spaghetti

1 kleiner Hokkaidokürbis

2 EL Olivenöl

Salz, Pfeffer

130 g getrocknete Tomaten (in Öl)

2 Gläser Little Lunch Little Italy

TIPP

Für Gourmetfreunde: gehackte Walnüsse und geriebenen Parmesan unterheben.

KICHERERBSEN–
ROTE-BETE-SALAT

ZUBEREITUNG

1 Rote Bete in 1 cm große Würfel schneiden und mit Olivenöl, Salz und Pfeffer 20 Minuten marinieren.

2 Äpfel waschen, schälen, entkernen und in kleine Scheiben schneiden. Kichererbsen abgießen und mit Wasser abbrausen.

3 Rote Beten, Äpfel und Kichererbsen in eine Schüssel geben und mit dem Joghurt vorsichtig mischen. Nach Belieben noch etwas mit Salz und Pfeffer abschmecken.

ZUTATEN

4 Rote Bete (vorgegart)

5 EL Olivenöl

Salz, Pfeffer

2 Äpfel

400 g Kichererbsen (vorgegart)

250 g Joghurt

TIPP

Blättchen von 1 Bund glatter Petersilie grob hacken und darüberstreuen.

GEFÜLLTE SÜSSKARTOFFEL
MIT SPINAT UND FETA

ZUTATEN

2 Süßkartoffeln
2 Handvoll Babyspinat
20–30 g Pinienkerne
Salz, Pfeffer
50–100 g Feta (Schafskäse)

ZUBEREITUNG

1 Den Backofen auf 200 °C vorheizen.

2 Süßkartoffeln waschen, schälen und der Länge nach halbieren. Mit einem Kugelausstecher oder einem Löffel aushöhlen. Das Innere der Süßkartoffeln in etwa 1 cm große Stücke hacken.

3 Babyspinat waschen, abtropfen lassen und in einer Pfanne bei mittlerer Hitze kurz zusammenfallen lassen. Pinienkerne mit in die Pfanne geben und anrösten.

4 Spinat und Pinienkerne mit Salz und Pfeffer abschmecken und in eine Schüssel füllen.

5 Feta abtropfen lassen, in Würfel schneiden und mit in die Schüssel geben. Alles gut mischen.

6 Vier passende Stücke Alufolie abreißen, je ½ Süßkartoffel darauflegen und diese mit der Spinat-Feta-Mischung füllen.

7 Die Päckchen verschließen, bei mittlerer Hitze und mit geschlossenem Deckel ca. 10 bis 15 Minuten im vorgeheizten Backofen grillen.

BUNTER COUSCOUS-SALAT

ZUBEREITUNG

1 Den Backofen auf 175 °C vorheizen.

2 Aubergine waschen, Enden abschneiden, längs halbieren und in ca. 1 cm große Würfel schneiden. Paprika halbieren, entkernen, waschen und klein schneiden.

3 Beides auf einem mit Backpapier belegten Blech verteilen, mit Öl beträufeln und mit Salz und Pfeffer würzen. Auf der mittleren Schiene im Ofen 20 bis 25 Minuten unter gelegentlichem Wenden backen.

4 In einem kleinen Topf 100 ml Wasser aufkochen. Topf vom Herd nehmen und Couscous einrühren, ca. 10 Minuten ziehen lassen, bis der Couscous die Flüssigkeit vollständig aufgenommen hat. Mit Salz und Pfeffer würzen.

5 Mozzarella abtropfen lassen und in 1 bis 2 cm große Würfel schneiden.

6 Couscous nach der Ziehzeit mit einer Gabel ein wenig auflockern. Couscous, Auberginenwürfel, Paprikastücke und Mozzarellawürfel vorsichtig in einer Schüssel mischen. Auf Teller verteilen und nach Belieben mit frischen Kräutern bestreuen und genießen.

ZUTATEN

1 Aubergine

1 Paprika

1 EL Olivenöl

Salz, Pfeffer

100 g Ccuscous

125 g Mozzarella

WENN
DAS KLEINE
NACHMITTAGSTIEF
KOMMT

MACH-DICH-FIT-SHAKE

ZUBEREITUNG

1 Banane schälen und mit dem Joghurt in den Mixer geben.

2 Milch, Haferflocken und Honig dazugeben und pürieren. Fertig ist der schnelle, gesunde Snack.

ZUTATEN

1 Banane

150 g griechischer Joghurt

500 ml Milch

60 g Haferflocken

2 EL Honig

Je nach Jahreszeit und Vorliebe andere Obstkombinationen wählen.

TIPP

Mit 1 Prise Zimt ist der Shake auch sehr lecker.

PANCAKES
MIT SALZKARAMELL UND BEEREN

ZUTATEN

Sauce

50 g Rohrohrzucker

20 g Butter

ca. 3 EL Sahne

Salz

Pancakes

2 Eier

1 Banane

1 TL Zimt

1 EL Chiasamen

Außerdem

30 g Walnusskerne

ca. 200 g gemischte Beeren
(z. B. Heidelbeeren, Himbeeren
und Erdbeeren)

Puderzucker zum Bestäuben

ZUBEREITUNG

1 Für die Sauce den Zucker in einer Pfanne schmelzen und hellbraun karamellisieren. Die Butter dazugeben, schmelzen lassen und unterrühren. Dann die Sahne dazugeben und weiterrühren, bis sich der Karamell vollständig gelöst hat und eine cremige Sauce entstanden ist. Mit 1 Prise Salz leicht salzig abschmecken.

2 Für die Pancakes die Eier und die Banane zusammen in einen Mixer geben und auf höchster Stufe zu einem glatten Teig verarbeiten.

3 Nun den Zimt und die Chiasamen hinzufügen. Den Teig ca. 5 Minuten ruhen lassen. Ist er zu fest, etwas Milch oder Wasser hinzufügen.

4 Eine beschichtete Pfanne mit ca. 3 EL Wasser erhitzen. Für jeden Pancake ca. 2 EL Teig in die Pfanne geben und bei mittlerer Hitze backen. Beginnen sich auf dem Pancake Blasen zu bilden, einmal wenden und kurz weiterbacken. Den Pancake herausnehmen und erneut ca. 3 EL Wasser in die Pfanne geben. Den nächsten Pancake darin backen. So fortfahren, bis der Teig aufgebraucht ist.

5 Je 3 Pancakes auf einem Teller stapeln und mit etwas Karamellsauce beträufeln. Die Walnusskerne zerbröckeln und darüberstreuen. Die Beeren waschen und abtropfen lassen. Pancakes mit Beeren anrichten und mit Puderzucker bestäuben.

ERBSENHUMMUS MIT GERÖSTETEN KICHERERBSEN

ZUBEREITUNG

1 Zwiebel und Knoblauch schälen, klein würfeln und in einer Pfanne anschwitzen.

2 Gefrorene Erbsen und etwas Wasser in die Pfanne geben und einmal aufkochen.

3 Erbsen in ein Sieb abgießen. Erbsen mit Tahin, Olivenöl, und den Saft der Zitrone, Petersilie, Kreuzkümmel, Salz und Peffer in einem Mixer pürieren oder in einer hohen Schüssel mit einem Pürierstab klein mixen.

4 In ein Glas füllen und gut verschließen.

5 Die Kichererbsen abseihen und etwas trocken tupfen.

6 Paprikapulver, Kurkuma und das Olivenöl vermengen und die Kichererbsen darin wälzen.

7 Den Backofen auf 180 °C vorheizen.

8 Die Kichererbsen auf ein mit Backpapier ausgelegtes Backblech streuen und ca. 25 Minuten rösten.

9 Geröstete Kichererbsen, Erbsen und salziges Gebäck als Topping auf den Erbsenhummus geben.

ZUTATEN

Hummus

1 kleine Zwiebel

1 Knoblauchzehe

150 g TK-Erbsen

2 EL Tahin (Sesampaste)

2 EL Olivenöl

½ Zitrone

1 Handvoll Petersilie

1 TL gemahlener Kreuzkümmel

Salz, Pfeffer

Geröstete Kichererbsen

100 g Kichererbsen (vorgegart)

1 TL edelsüßes Paprikapulver

1 TL gemahlene Kurkuma

1 EL Olivenöl

Salz, Pfeffer

SMOOTHIE-BOWL
MIT AÇAI

ZUTATEN

1 große Banane

2 TK Açaipads

100 Kokosmilch

½ TL Zimt

1 EL Hanfsamen

1 Handvoll Beeren

ZUBEREITUNG

1 Die Banane schälen und in kleine Stücke schneiden.

2 Die Hälfte der Bananenstücke mit den Açaipads, der Kokosmilch und dem Zimt in einen Mixer geben und zu einer cremigen Masse mixen.

3 Das Smoothie-Püree in eine Schale geben und mit den restlichen Bananenstücken, Hanfsamen, Gojibeeren und Beeren garnieren.

KARAMELLISIERTER OBSTSALAT MIT GRIECHISCHEM JOGHURT

ZUBEREITUNG

1 Ananas schälen und zuerst in Spalten, dann in dicke Scheiben schneiden.

2 Den Apfel waschen und vierteln, das Kerngehäuse entfernen. Die Apfelviertel zuerst in Spalten, dann in Scheiben schneiden.

3 Die Weintrauben waschen, trocken tupfen und abzupfen.

4 Die Nüsse grob zerbröckeln, in der Pfanne ohne Fett hellbraun anrösten und sofort wieder herausnehmen. Den Zucker in der Pfanne hellbraun karamellisieren, das Obst hineingeben und etwas 2 Minuten in der Pfanne schwenken. Mit dem Limettensaft ablöschen.

5 Den Joghurt auf zwei tiefe Teller oder Schalen verteilen und den Obstsalat und die gerösteten Nüsse darauf anrichten. Mit etwas Honig beträufeln. Nach Wunsch noch etwas Müsli dazu servieren.

ZUTATEN

ca. 300 g Ananas

1 Apfel

100 g kernlose grüne oder blaue Weintrauben

60 g gemischte Nusskerne

1 EL Rohrohrzucker

1 EL Limettensaft

400 g griechischer Joghurt

1–2 EL Honig

SAFTIGE SCHOKO-BROWNIES

ZUBEREITUNG

1 Den Backofen auf 180 °C vorheizen. Eine rechteckige Backform mit Backpapier auslegen.

2 Zucchini waschen und auf einer Küchenreibe fein reiben. Geriebene Zucchini in ein Küchentuch legen, über einer Schüssel gut ausdrücken.

3 Chiasamen mit etwas Wasser verrühren und 10 Minuten quellen lassen. Mandeldrink mit den aufgequollenen Chiasamen verrühren.

4 Vollkornmehl, Kakaopulver, Rapsöl, Backpulver, Salz und Vanillemark dazugeben und gut miteinander verrühren.

5 Datteln in kleine Stücke schneiden und mit den geriebenen Zucchini unter den Teig heben.

6 Den Teig in der Backform verteilen und im vorgeheizten Backofen auf der mittleren Schiene für ca. 40 bis 45 Minuten backen. Herausnehmen, abkühlen lassen und in 12 Stücke teilen.

ZUTATEN

400 g Zucchini

2 EL Chiasamen

250 ml ungesüßter Mandeldrink

220 g Vollkornmehl

35 g Kakaopulver (ungesüßt)

50 ml Rapsöl

10 g Backpulver

½ TL Salz

1 TL Vanillemark

150 g getrocknete Datteln

WACHMACHER

ZUTATEN

200 g Magerquark (0,1%)

½ Vanilleschote

1 Espresso

½ TL Nussmus (ungesüßt)

alternatives Süßungsmittel
(Erythrit oder Stevia)

1 Prise Zimt

ZUBEREITUNG

1 Gib alle Zutaten in einen Mixer, gib etwa 150 ml Wasser dazu, und mixe alles auf höchster Stufe, bis es cremig ist.

2 Füll deinen Shake in ein Glas und bestreue ihn nach Belieben mit Zimt.

TIPP

Für die warmen Sommertage einfach eine Handvoll Eiswürfel hinzufügen und fertig ist das Kaltgetränk.

CRISPY CRACKER

ZUBEREITUNG

1 Den Backofen auf 150 °C vorheizen.

2 Eigelb mit Honig, Zimt und Salz verrühren. Leinsamen, Sonnenblumenkerne, Kürbiskerne, Mandeln, Haferflocken und Rosinen gut
untermischen.

3 Ein Backblech mit Backpapier belegen. Mit einem Löffel kleine Teig-
portionen abstechen und auf dem Papier mit den Händen zu flachen
Kreisen formen.

4 Cracker auf der mittleren Schiene etwa 20 Minuten backen, herausnehmen und auskühlen lassen.

ZUTATEN

1 Eigelb

3 EL Honig

1 TL Zimt

1 Prise Salz

50 g Leinsamen

50 g Sonnenblumenkerne

50 g Kürbiskerne

50 g gehackte Mandeln

50 g Haferflocken

50 g Rosinen

ERDBEER-GOJI-LIMO

FÜR
CA. 1 LITER

ZUBEREITUNG

1 Die Erdbeeren waschen und putzen.

2 Erdbeeren, Zitronensaft, Gojibeeren, Agavendicksaft, 400 ml Wasser und Eiswürfel in den Mixer geben. Die Vanilleschote längs aufschneiden und das Mark mit einem spitzen Messer direkt in den Mixer kratzen.

3 Alles zunächst auf niedriger Stufe, dann auf höchster Stufe 30 Sekunden schaumig aufschlagen. Auf Gläser oder Flaschen verteilen und genießen.

ZUTATEN

400 g Erdbeeren

Saft von ½ Zitrone

25 g Gojibeeren

4 EL Agavendicksaft

8 Eiswürfel

½ Vanilleschote

DIE BESTEN SNACKS

Die scheinbar nicht endende Lücke zwischen Frühstück und Mittagessen, das berühmte Nachmittagstief oder die Gewohnheit vor dem Fernseher: Irgendwas ist immer. Besser gesagt, ständig geben Kopf und Bauch die bekannten Signale: „Ich brauche etwas zu essen!" Wir greifen hierbei natürlich gerne nach Dingen, die schnell verfügbar sind. Also solltest du einfach dafür sorgen, dass auch die richtigen Snacks parat liegen.

STUDENTENFUTTER

Die Mischung aus Nüssen und getrockneten Früchten stillt nicht nur die Lust auf Süßes, sondern bringt dir richtig viel Power für den Tag. Das liegt an dem hohen Gehalt an Mineralstoffen, Vitaminen, wertvollen Fetten und Eiweißen. Es muss ja nicht gleich die ganze Tüte sein. Lieber vorher eine Portion abfüllen.

OBST

Äpfel, Bananen, Birnen & Co. kann man auch auf Vorrat lagern oder im Rucksack als Notfallreserve immer bei sich tragen. Obst enthält viele wertvolle Inhaltsstoffe und ist auch genauso wertvoll verpackt, denn unter den Schalen schlummern die wahren Gesundschätze. Jeder von uns hat seine Lieblingsfrüchte und darf diese dann auch gerne reichlich vernaschen. Mit Joghurt gemischt, zusammen mit einer Handvoll Sonnenblumenkernen oder Nüssen, wird daraus eine gesunde Zwischenmahlzeit.

GEMÜSESTICKS

Allrounder für den ganzen Tag: Möhren, Kohlrabi, Paprika, Stangensellerie, Tomaten stifteln und einfach losknabbern. Das ist die puristische Variante. Zur Gaumenfreude und Abwechslung dürfen sich auch gerne unterschiedliche Dips dazugesellen.

NÜSSE

Unbehandelt, ungewürzt und angeröstet sind Nüsse kleine Kraftpakete und wahre Energiebooster. Eine Handvoll enthält viele wertvolle ungesättigte Fettsäuren, Mineralstoffe wie Kalium, Magnesium – sind also gut für die Knochen, unser Herz-Kreislauf-System und die Nerven.

SMOOTHIES

Gegen den Süßhunger und das Mittagstief helfen diese Fruchtbomben. Überreife Banane kombiniert mit Himbeeren, aufgefüllt mit kaltem Wasser oder mit Eiswürfeln gemixt – einfach mmmhhh. Praktisch ist ein passendes Küchengerät, aber ein Pürierstab tut es auch. Gerade für die „Resteverwertung" von reifem Obst und als schneller Munterbooster sind Smoothies ideal. Sie sind übrigens auch in Kombination mit Kräutern und Grünfutter (Spinat, Brennnesseln, Feldsalat & Co.) ein wahrer Genuss.

NO-GOS

Wie schnell ist man beim Bäcker reingehuscht und hat sich ein fettiges Teilchen gekauft? Neben zu viel Fett und Kalorien haben diese Snacks auch enormen Einfluss auf unseren Geschmackssinn. Denn die Snacks sind alle sehr süß, sehr salzig, sehr intensiv. Genau dieses meldet unser Gehirn als scheinbaren Nachfüllwunsch.

CROISSANTS UND ANDERE FETTBOMBEN VOM BÄCKER

Fett ist ein Geschmacksträger, keine Frage. Blätterteig lebt vom Fett. Daher ist es nicht verwunderlich, dass so ein Croissant im Solozustand schon 600 Kalorien in sich trägt. Mal eben so im Vorbeigehen verputzt man dann einen großen Teil seines Tagesbedarfs an Kalorien.

INDUSTRIE-SCHOKORIEGEL

Tatsächlich stecken viele minderwertige Zutaten in diesen Massenriegeln. Angefangen bei schlechter Schokolade und billigem Fett. Wer sich den Appetit verderben möchte, braucht eigentlich nur mal die Zutatenliste zu studieren.

MÜSLIRIEGEL

Wie jetzt? Die sollen doch gesund sein! Viele der selbst ernannten Fitnessriegel sind allerdings eher Kalorien- und Zuckerbomben. Ein Blick auf die Zutatenliste offenbart die Wahrheit. Wer unsicher ist, greift lieber zu den puren Snacks auf unserer Go-Liste.

CHIPS, KNABBERZEUG & CO.

Chips und Kollegen wie auch die Nachos im Kino sind Fettbooster, Kalorienbomben und pure Chemieschei-ben. Eine kleine Rechenaufgabe: 100 g Chips enthalten im Schnitt 550 Kalorien und 35 g Fett. Isst man eine Tüte mit 250 g – was schnell passiert ist – macht das 1225 Kalorien plus 87,5 g Fett. Der durchschnittliche Tagesbedarf eines erwachsenen Menschen liegt um die 2500 Kalorien und beim Fett heißt die Zahl 60 g.

CURRYWURST MIT POMMES & CO.

Es ist das Gericht, das in Deutschland am häufigsten mittags über den Tresen geht. Auch wir fanden das sehr oft sehr lecker. Aber wie immer im Leben ist es schon mal fein, die Schlagzahl zu reduzieren. Also eher die Currywurst-Ausnahme zu machen, denn die schwer verdauliche Mischung liegt auch bei um die 1000 Kalorien und 80 g Fett.

LIMONADEN, SOFTDRINKS, FRUCHTSÄFTE & ALKOHOL

Vielen Menschen ist gar nicht bewusst, wie viel Zucker und Kalorien sie einfach durch das Trinken zu sich nehmen. In einer „normalen" Literflasche Cola sind beispielsweise mehr als 40 Stückchen Zucker enthalten. Auch die „Zero"-Varianten im Getränkeregal haben mit Natürlichkeit überhaupt nichts mehr am Hut, sondern sind einfach Chemiebaukästen in flüssiger Form.

WARENKUNDE

Einige der Zutaten aus unseren Lieblingsrezepten wirst du kennen, einige begegnen dir vielleicht zum ersten Mal. Wir stellen dir hier unsere Lieblingszutaten vor, denn was man nicht immer auf den ersten Blick sieht: Sie alle haben magischen Kräfte! Du wirst sehen – es sind wahre Power-Pakete dabei.

KICHERERBSEN

Der Name allein macht ja schon gute Laune. Aber es steckt viel mehr drin! Die knubbelige Hülsenfrucht ist eine Power-Erbse mit hohen Anteilen an Eiweiß, Magnesium, Eisen und Kalzium. Kulinarisch ist es ein Allroundgemüse, denn es kann zu Aufstrichen, Pasten, Falafeln, Salaten oder Suppen verarbeitet und auch geröstet werden. Bekannt ist die Kichererbse seit mehr als 8000 Jahren. Sie wird heute vorwiegend in Indien und Pakistan, Nordafrika, Spanien und in der Türkei angebaut.

QUINOA

Optisch kaum zu glauben, aber Quinoa ist kein Getreide, sondern gehört zu den sogenannten Gänsefußgewächsen und ist damit eng verwandt mit Spinat, Roter Bete und Mangold. Die Pflanze stammt aus Peru, genauer gesagt aus den Anden und steht dort seit mehr als 6000 Jahren auf dem Speiseplan. Das sogenannte Pseudogetreide schmeckt nicht nur nussig lecker, sondern ist prall gefüllt mit Kalzium, Eisen, Magnesium, Omega-3-Fettsäuren sowie Ballaststoffen. Außerdem ist Quinoa gut verträglich: Das Pseudogetreide ist nämlich glutenfrei.

SÜSSKARTOFFEL

Der Name täuscht, denn nur optisch ähnelt die längliche, zunächst unscheinbare Frucht der herkömmlichen Speisekartoffel. Botanisch gehört die Süßkartoffel zu den Windengewächsen. Sie liebt es warm und braucht viel Sonne, um den süßlichen Geschmack zu entwickeln, daher liegen die wichtigsten Anbaugebiete in den USA, der Karibik, in Israel, Afrika und Brasilien. Sie schmeckt nicht nur besonders lecker, sondern steckt voller wertvoller sekundärer Pflanzenstoffe, Nährstoffe, Vitamine und Spurenelemente.

KURKUMA

Auffallend ist die gelbe Farbe, die Kurkuma, genauso wie Safran, den Gerichten verleiht. Das Gewürz ist auch noch unter dem Namen „Gelbwurz" bekannt, stammt aus Südostasien und galt in Indien lange Zeit als heilig. Kurkuma ist mit dem Ingwer verwandt, schmeckt aber bedeutend

milder. In der ayurvedischen Küche spielt das Gewürz eine große Rolle: Man sagt Kurkuma viele gesundheitliche und positive Effekte nach. Sie wirkt unter anderem verdauungsfördernd, herzschonend, durchblutungsfördernd, krebsvorbeugend und entzündungshemmend.

LINSEN

Linsen haben gerade in der vegetarischen und veganen Küche einen wichtigen Platz, denn als Eiweißbomben liefern sie wichtige Nährstoffe. Mit ihrem besonders hohen Magnesium- und Eisengehalt sind sie ebenfalls gut für die Nerven und haben zudem einen hohen Ballaststoffanteil. Sie stammen ursprünglich aus Kleinasien, gehören zu den frühesten Kulturpflanzen unserer Zeit und werden weltweit zu unterschiedlichsten Gerichten wie Püree, Eintöpfen und Salaten, verarbeitet.

KORIANDER

Koriander polarisiert in der Küche. Die einen lieben den intensiven Geschmack, andere können das Gewürzkraut nicht einmal riechen. Es wird nicht umsonst „chinesische Petersilie" genannt, denn gerade in asiatischen Gerichten ist es eine wichtige Zutat. Koriander ist eines der ältesten bekanntesten Gewürze der Welt. Es wirkt antibiotisch, entzündungshemmend, beruhigend für Magen und Darm und krampflösend.

AVOCADO

Avocado – Jungbrunnen, Schlankmacher, gut für die Nerven, die Augen und die Zähne. In den dunklen Power-Früchten stecken viele wertvolle Nährstoffe, Vitamine, Öle und sekundäre Pflanzenstoffe, die gesund und zudem besonders bekömmlich sind. Es gibt tatsächlich 200 verschiedene Sorten Avocados, die sich durch ihr mildes Fruchtfleisch gleichwohl für pikante als auch süße Gerichte eignen.

CHIASAMEN

Ursprünglich stammen Chiasamen aus Mittel- und Südamerika und sind dort bereits seit 5000 Jahren bekannt. „Chia" bedeutet in der Sprache der Maya „Kraft". Die Samen sind beladen mit Ballaststoffen, Kalzium, Phosphor, Magnesium, Zink, Vitamin E und Eisen und zudem glutenfrei. Alles in allem also super geeignet für die Verdauung, die Nerven, das Blut und die Zähne. Man sollte die Samen aber in Maßen genießen – etwa 15 Gramm pro Tag sind ausreichend.

GOJIBEEREN

In Tibet werden sie „Glücksbeeren" genannt, hierzulande kennt man die reifen orangeroten Früchte des Bocksdornstrauchs auch als „Wolfsbeeren". Es gibt sie meist getrocknet und mittlerweile auch immer öfter frisch zu kaufen. Die fruchtig-herben, leicht säuerlichen Früchte verfeinern nicht nur unsere Gerichte, sondern sie sind echte Kraftpakete und voll mit den Vitaminen E, C und A, mit Eiweiß und Ballaststoffen. Sie haben außerdem eine zellschützende und positive Wirkung auf Herz und Blutgefäße.

BEISPIELTAG

SO LECKER SCHMECKEN UNSERE GENIAL SCHNELLEN LIEBLINGSREZEPTE

MORGENS

Chiapudding
(S. 62)

MITTAGS

Reisnudeln mit
Thai-Gemüse
(S. 20)

VORMITTAGS

Crispy Craker
(S. 124)

ABENDS

Kürbis-Quinoa
(S. 60)

NACHMITTAGS

Wachmacher
(S. 122)

KEINE ZEIT ZU KOCHEN?

Mit Little Lunch kein Problem.

DE-ÖKO-006

BiO
nach
EG-Öko-Verordnung

BiO
DE-ÖKO-003
EU-/Nicht-EU-Landwirtschaft

LITTLE LUNCH

#SOUPERBOWL

THAI CURRY
Bio-Gemüseeintopf asiatischer Art
LECKERER UND GEHALTVOLLER EINTOPF AUS BESTEN BIO-ZUTATEN

REGISTER

A

Avocado

Gefüllte Avocado 80

Halloumi-Avocado-Walnuss-Salat 86

Tacos mit Chili-Füllung 14

B

Bulgursalat 48

Bunter Couscoussalat 106

C

Chiapudding mit Beeren 62

Chili con Tofu 58

Crispy Craker 124

Curry mit Mangold und Tomaten 18

E

Erbsenhummus mit gerösteten Kichererbsen 114

Erdbeer-Goji-Limo 126

G

Gefüllte Avocado 80

Gefüllte Süßkartoffel mit Spinat und Feta 104

Geminzte Erbsen-Brokkoli-Suppe 42

Gemüse-Jambalaya 72

Gratinierte Aubergine Asia-Style 92

Grünes Omelett mit Erbsen 90

H

Hähnchenkeule Asia-Style 82

Halloumi-Avocado-Walnuss-Salat 86

Herzhaftes Porridge mit Tomaten und Pilzen 64

K

Kalte Kürbis-Mango-Suppe 26

Karamellisierter Obstsalat mit griechischem Joghurt 118

Käsesuppe mit Kräutercroûtons 42

Kichererbsen-Rote-Bete-Salat 102

Kichererbsen-Reis-Eintopf 16

Kirchererbsen-Bowl mit Quinoa (kalt) 70

Kirschtomaten

Curry mit Mangold und Tomaten 18

Herzhaftes Porridge mit Tomaten und Pilzen 64

Kichererbsen-Bowl mit Quinoa (kalt) 68

Kokos-Spinat-Curry mit Tomaten und Reis 56

Lachsfilet auf geschmorten Gemüse 96

Kokos-Spinat-Curry mit Tomaten und Reis 56

Kukuruzsuppe 34

Kürbis-Quinoa 60

Kürbissuppe mit Erdnussbutter und Koriander 54

L

Lachsfilet auf geschmortem Gemüse 96

Linsen-Gemüsesalat 74

Little Lunch Gemüsebrühe

Bulgursalat 48

Geminzte Erbsen-Brokkoli-Suppe 40

Gemüse-Jambalaya 72

Grünes Omelett mit Erbsen 90

Herzhaftes Porridge mit Tomaten und Pilzen 64

Käsesuppe mit Kräutercroûtons 42

Kichererbsen-Bowl mit Quinoa (kalt) 68

Kürbis-Quinoa 60

Linsen-Gemüsesalat 74

Pappardelle mit Pilzen und Tomaten 70

Paprika mit Feta-Couscous und grüner Salsa 22

Pastinaken-Senf-Suppe mit Gartenkresse 30

Radieschensuppe mit Kürbiskernen 32
Sauerkrautsuppe 36
Zwiebelcremesuppe mit Apfel und Speck 38

M Mach-Dich-Fit-Shake 110
Möhre
Gemüse-Jambalaya 72
Kichererbsen-Reis-Eintopf 16
Kürbis-Quinoa 60
Kürbissuppe mit Erdnussbutter und Koriander 54
Linsen-Gemüsesalat 74
Rotkohlsalat mit schwarzem Reis 51

P Pancakes mit Salzkaramell und Beeren 112
Pappardelle mit Pilzen und Tomaten 70
Paprikaschoten
Bulgursalat 48
Bunter Couscoussalat 106
Gefüllte Avocado 80
Gemüse-Jambalaya 72
Hähnchenkeule Asia-Style 82
Kichererbsen-Reis-Eintopf 16
Linsen-Gemüse-Salat 74
Paprika mit Feta-Couscous und grüner Salsa 22
Reisnudeln mit Thai-Gemüse 20
Shakshuka 94
Thunfischsalat mit Tomaten und Paprika 76
Paprika mit Feta-Couscous und grüner Salsa 22
Pasta and Cheese 84
Pastinaken-Senf-Suppe mit Gartenkresse 30

R Radieschensuppe mit Kürbiskernen 32
Reisnudeln mit Thai-Gemüse 20
Rotkohlsalat mit schwarzem Reis 50

S Saftige Schoko-Brownies 120
Sauerkrautsuppe 36
Shakshuka 94
Smoothie-Bowl mit Açai 116
Spaghetti mit Kürbis und getrockneten Tomaten 100

T Tacos mit Chili-Füllung 14
Thunfischsalat mit Tomaten und Paprika 76
Tomaten-Rote-Bete-Suppe 24

W Wachmacher 122

Z Zwiebelcremesuppe mit Apfel und Speck 38

BILDNACHWEIS

Little Lunch: Titel, S. 4, 5, 8/9, 10/11
Brachat, Oliver: S. 126
Hoersch, Julia: S. 43
Kastner, Jessica: S. 2, 7, 98/99
Marxen, Chris: S. 66/67
Neubauer, Mathias: S. 50, 70
Pfetzer, Lena: S. 15
Schardt, Wolfgang: S. 23, 80, 92, 113 118
Schürle, Monika/Grossmann, Maria: S. 91
Freepik: S. 6, 8, 9, 12, 14, 46, 47, 63, 78, 108, 109, 122, 125, 131, 132
iStock: Luca Lorenzelli: S. 52/53
Pexels: Engin Akyurt S. 4, 5; Daria Shevtsova S. 5
Pixabay: dbreen S. 4; congerdesign: S. 6; Sponchia: S. 6; pixel2013: S. 6; Couleur: S. 7
Shutterstock: Pinkyone: S. 28/29; kazoka: S. 44/45; Lisovskaya Natalia S. 128/129

IMPRESSUM

© 2019 ZS Verlag GmbH
Kaiserstraße 14 b
D-80801 München

ISBN 978-3-89883-946-4
1. Auflage 2019

Projektleitung & Produktion: 31Media GmbH, Stephan Strauß
Rezepte: Rico Schacht, Stephan Strauß, Little Lunch
Text: Alexandra Brosowski
Covergestaltung: affaire populaire; Bianca Domula
Redaktionelle Mitarbeit: Kathrin Mayr, Isabella Thiel
Grafisches Konzept, Layout, Satz: Drangsal.Services, Markus Drangsal
Lektorat: Julian Kopahnke
Fotografie: Ben Fuchs
Coverbild: Lena Pfetzer
Herstellung: Frank Jansen
Producing: Jan Russok
Druck & Bindung: optimal media GmbH, Röbel

Kurze Wege schonen die Umwelt
Dieses Buch wurde in Deutschland gedruckt

Die ZS Verlag GmbH ist ein Unternehmen der Edel SE & Co. KGaA, Hamburg.
www.zsverlag.de | www.facebook.com/zsverlag

Auf den Geschmack gekommen?

Wenig Zeit zum Kochen? Kein Problem! Dafür sorgen diese easy Blitzrezepte.

Schnelle Küche
€ [D] 9,99
ISBN 978-3-89883-664-7

Bye-bye, langweiliges Kantinenessen. Hello, Frisches und Gesundes aus der schnellen Büroküche!

Rachel Maylor
Geniale Job Küche
€ [D] 14,99
ISBN 978-3-89883-710-1

Gleich weiterkochen!

Jetzt überall, wo es gute Bücher gibt.

SANDRA KÖNIG

Auf die Plätze, Lächeln, los!

Wieder mehr **Energie** für alles, was du liebst

Mit Fotografien von Tina Reiter und Melina Kutelas

KNEIPP
VERLAG WIEN

Inhalt

4
VORWORT

7
Die Magie
des Lächelns

21
Dein Glück
ist hier und jetzt

35
Mit allen Sinnen
ins Leben

51
Es dreht sich alles ums DUniversum

65
8 Wege zu mehr Energie

74 • ENERGIEQUELLE LICHT

76 • ENERGIEQUELLE LUFT

78 • ENERGIEQUELLE RUHE

86 • ENERGIEQUELLE ERNÄHRUNG

92 • ENERGIEQUELLE BEWEGUNG & YOGA

106 • ENERGIEQUELLE INTUITION

112 • ENERGIEQUELLE LIEBE & GEMEINSCHAFT

116 • ENERGIEQUELLE SINN

119
Soul-Food-Rezepte für mehr Energie

122 • HEALTHY POWER-FRÜHSTÜCK

126 • BUNTE GLÜCKS-SUPPEN

130 • LUNCH-IDEEN FÜR MEHR ENERGIE

138 • ENERGIE-KICK-SNACKS

144 • LEICHT UND GUT: DINNER TIME

152 • SÜSSES FINALE

159
Dein 7-Tage-Plan für ein breites Lächeln

174 • UND ZUM SCHLUSS …

176 • IMPRESSUM

Dreimal durchatmen
und ... lächeln!

Mein Name ist Sandra König, ich bin Radiomoderatorin, Yogalehrerin und Autorin. Warum? Weil es mir Freude bereitet und weil mich jede dieser Lebensaufgaben strahlen lässt. Lustvoll meinem Herzen zu folgen, anstatt nach übertriebenem Perfektionismus zu streben, macht mich glücklich. Aus eigener Erfahrung weiß ich: Wer sich selbst permanent unter Druck setzt, kommt früher oder später an seine Grenzen. Wer zu viel will, hat am Ende des Tages maximal Kopfweh. Reizüberflutung, Termindruck und Sorgen tun das Übrige. Statt top-motiviert fühlen wir uns antriebslos, ausgelaugt und müde.

Dabei hindern uns weniger die Umstände daran, glücklich zu leben – wir stehen uns viel häufiger selbst im Weg. Zu viele Gedanken quälen uns, wir belasten uns mit Sorgen, Schuldgefühlen und Zweifeln, sind unglücklich, verharren aber in unseren gelernten Rollen und Mustern. Dabei haben wir es zu großen Teilen selbst in der Hand, ob wir glücklich leben oder nicht, ob wir lächeln oder nicht. Diese winzigen Bewegungen, mit denen wir unsere Mundwinkel nach oben ziehen, haben einen essenziellen Einfluss auf unsere nächste Handlung und unser gesamtes Umfeld.

Im Schnitt schaut ein erwachsener Mensch alle 11 Minuten auf sein Handydisplay und verbringt 3,7 Stunden pro Tag mit seinem Smartphone. Zum Vergleich: Wir lächeln nur 15 Mal am Tag und das nur wenige Augenblicke lang. Was für einen gewaltigen Unterschied würde es machen, wenn wir diese Zahlen umkehrten oder zumindest in ein gesundes Gleichgewicht brächten.

In meinem zweiten Buch möchte ich dich dazu animieren, einfach mal tief durchzuatmen und dir dein Lächeln zurückzuerobern. Auch an Regentagen kann dir die Sonne aus dem Herzen lachen. Du musst dein inneres Strahlen nur finden, kultivieren und immer wieder mit neuer Energie füttern. Damit das leichter geht, habe für dich viele inspirierende Impulse zusammengetragen, die dir dabei helfen können, deine Aufmerksamkeit auf das eigene Wohlbefinden und die schönen Aspekte des Lebens zu richten. Sieh das Buch als eine Art Werkzeugkasten, an dem du dich nach Lust und Laune bedienen kannst.

Ich selbst beziehe meine Energie vor allem aus Yoga und gesundem Soul-Food. Ich versuche täglich, Licht und Luft in der Natur zu tanken, Pausen zu machen, wenn mein Körper sie verlangt, meine Zeit mit Menschen zu verbringen, die mich inspirieren. Aber es gibt viele Möglichkeiten, den eigenen Flow zu finden. Dabei möchte ich dich unterstützen und dir auch ein paar bemerkenswerte Persönlichkeiten vorstellen, die vor allem eines eint: Sie folgen mutig ihrem Herzen und ihren Träumen.

Vielleicht entdeckst du dich selbst an der einen oder anderen Stelle wieder. Das würde mich freuen – und mir ein Lächeln ins Gesicht zaubern. Lass uns gemeinsam ohne Druck Neues erarbeiten und etablieren ... der Weg ist das Ziel.

*Heute schon gelächelt? Nein?
Dann wird es Zeit!*

Die Magie des Lächelns

Einatmen. Ausatmen. Lächeln. Ist doch eigentlich kinderleicht, oder? Ein Tag hat 86.400 Sekunden – das gibt uns ausreichend Zeit, die Mundwinkel nach oben zu ziehen. Diese kleine Bewegung hebt unsere Laune sofort und bewirkt noch so viel mehr. Lächelst du jetzt gerade? Sehr gut!

» Wer den Tag mit einem Lachen beginnt, hat ihn schon gewonnen. «

CICERO

LÄCHELN MACHT GLÜCKLICH

Menschen mit einem Lächeln in den Tag zu begleiten, das ist mein Job beim Radio. Und die Frage: „Wie kannst du so früh so gut gelaunt sein – und das jeden Tag?", ist jene, die mir am häufigsten gestellt wird, seit ich meinen Job in der erfolgreichsten Morgenshow Europas angenommen habe.

Dabei ist die Antwort so einfach: Weil ich mich jeden Tag dafür entscheide! Ich stehe auf, mache auf dem Weg vom Bett ins Bad drei Sonnengrüße, und spätestens wenn ich mein verschlafenes Gesicht im Spiegel sehe, meistens mit Kissenabdruck im Gesicht und Locken, die wie Antennen von meinem Kopf abstehen, muss ich lächeln. Und da ist sie schon, die gute Laune. Ich treffe um 4 Uhr morgens meine Entscheidung: Heute wird ein guter Tag und ich werde ihn für mich nutzen.

Ob das jeden Morgen klappt? Naja, fast jeden Morgen. Einigen wir uns auf 99 von 100 Tagen. Und an diesem einen miesen Tag beobachte ich mich beim Schlecht-gelaunt-Sein und finde mich spätestens nach einer Stunde so lächerlich, dass ich über mich selbst lachen muss – und da ist sie schon wieder, die gute Laune.

Von dieser positiven Energie lasse ich mich durch meinen Tag tragen. Klar geht mir im Laufe des Tages auch mal die Luft aus. Schließlich stehe ich höllisch zeitig auf, habe einen Job, der volle Konzentration erfordert, zwei Kinder, einen Haushalt und betreibe nebenbei auch noch ein Yogastudio. Aber ich habe gelernt, auf die Zeichen meines Körpers zu hören und bewusst Pausen einzulegen, wenn ich sie brauche. Und aus diesen Pausen schöpfe ich neue Energie. Das war ein langer Lernprozess mit vielen Rückschlägen, aber auch mit vielen Erkenntnissen, die ich gerne mit dir teilen möchte.

Sobald wir uns von der Idee verabschieden, immer und sofort glücklich sein zu müssen finden wir etwas viel Besseres: Klarheit, Gelassenheit und Leichtigkeit.

Wir alle sehnen uns nach einem Leben in Balance, nach der richtigen Mischung aus Stabilität und Sicherheit auf der einen und Leidenschaft und Abenteuer auf der anderen Seite. Erfolg im Job wäre fein, eine glückliche Beziehung auch nicht schlecht und Gesundheit ist sowieso das Wichtigste. Zufriedenheit und Glück auf allen Ebenen! Achtung, jetzt kommt die schlechte Nachricht: Gibt es nicht! Aber in dem Moment, in dem wir uns von der Idee verabschieden, immer und sofort glücklich sein zu müssen, und stattdessen unsere Schwächen annehmen und liebevoll pflegen, finden wir etwas viel Besseres: Klarheit, Gelassenheit und Leichtigkeit. Multipliziert man diese Qualitäten mit glücksspendenden Ritualen, gesundem Soul-Food und sanfter Bewegung, ist das Ergebnis ein vitaler Körper, ein klarer Geist – und ein breites Grinsen im Gesicht. Ein Strahlen, das von innen kommt. Yogis nennen das den „Inner Glow". Willst du auch? Dann bist du hier richtig.

INNER GLOW – WAS IST DAS?

Leuchtende Augen, ein strahlender Teint und aufgeladen mit neuer Energie. So fühle ich mich nach dem Yoga. Körper und Geist sind im Gleichklang und durch das bewusste Atmen bin ich ganz im Hier und Jetzt gelandet. Das Geheimnis meines persönlichen Inner Glow ist Yoga und pflanzliche Ernährung. Aber so einzigartig jeder von uns ist, so individuell sind auch die Wege, die uns erstrahlen lassen. Vielleicht möchtest du es auch mit Yoga probieren, vielleicht ist es bei dir ein täglicher Spaziergang, vielleicht bereitet es dir große Freude, in der Küche zu experimentieren. Der Schlüssel zu deinem Inner Glow, zu deinem Strahlen, liegt in dir. Nur du kannst für dich herausfinden, was dir Freude und Leichtigkeit schenkt.

Lass dich dabei nicht von anderen aus der Spur bringen oder beeindrucken. Ja, manche Menschen haben dieses gewisse Etwas scheinbar schon von Geburt an. Sie handeln souverän und lassen sich selten aus der Ruhe bringen. Sie strotzen nur so vor Kraft und positiver Energie, haben meist eine besonders aufrechte Haltung, eine sichere Körpersprache und klare Ausdrucksweise. Es umgibt sie eine fesselnde Aura, mit der sie andere begeistern und für sich gewinnen können. Bei anderen kommt das Strahlen direkt aus dem Herzen, sie haben fast immer ein Lächeln und ein freundliches Wort auf den Lippen. In ihrer Gegenwart fühlen wir uns geborgen und wohl, können uns ganz leicht entspannen und ihre durch und durch positive Ausstrahlung und Begeisterungsfähigkeit färbt auf uns ab. Sie schaffen es auf magische Weise, negative Gedanken und Gefühle zu vertreiben, und lassen Hoffnung und Zuversicht in uns keimen.

Woher kommt ihr Inner Glow? Manche Menschen haben sich ihre Begeisterungsfähigkeit einfach aus Kindertagen erhalten, sie kultiviert und erfreuen sich Tag für Tag ihres Lebens. Andere mussten sich diese energetische Art zu leben hart erarbeiten, sie hatten vielleicht keine besonders schöne Kindheit, in der Vergangenheit schlimme Krisen oder sogar eine schwere Krankheit oder toxische Beziehungen. Aber was strahlende Menschen allesamt besitzen, ist die Fähigkeit, das Beste aus schwierigen Situationen zu machen. Sie können ihre eigenen Emotionen gut ausdrücken, zugleich aber extreme Gefühle wie Wut kontrollieren. Ihre einfühlsame Ausstrahlung gibt anderen das Gefühl, wahrgenommen und gebraucht zu werden. Wie sie das schaffen? Es geht tatsächlich vor allem um das Mindset, die Einstellung. Menschen mit dem Inner Glow erkennen auch in ganz alltäglichen Abläufen und Momenten das Besondere, speichern im Laufe des Tages jede Menge kleine Glücksmomente – sie erlauben es sich bewusst, glücklich zu sein. So fällt es ihnen leicht, in sich zu ruhen, so können sie Leichtigkeit und Gelassenheit vermitteln und ihre eigenen Schwächen und Fehler genauso wie die täglichen Herausforderungen des Lebens entspannt und – ganz wichtig – auch mit einer großen Portion Humor nehmen. Wer so mit sich selbst im Reinen ist, steht zu seiner Meinung und übernimmt Verantwortung für sein Handeln. Diese Menschen können ihr Leuchten auch nach außen weitergeben. Und genauso ein Strahlen kannst auch zu deinem eigenen machen.

Was unseren Innen Glow auf physischer Ebene unterstützt, ist natürlich gesunde Ernährung, viel Wasser zu trinken, der maßvolle Umgang mit Genussmitteln wie Alkohol und Nikotin, sich in der frischen Luft zu bewegen und bewusst zu entspannen. Wie heißt es so schön: „Wahre Schönheit kommt von innen." Das stimmt! In jungen Jahren strahlen wir noch ganz von allein, aber im Laufe unseres Lebens können und müssen wir unseren Körper dabei unterstützen. Je mehr wir uns selbst unter Druck setzen, je mehr Stress wir Tag für Tag haben, je mehr schädlichen Umwelteinflüssen wir ausgesetzt sind, desto eher spiegelt sich unser Lebenswandel in unserer Haltung, unserem Gesicht, unserem Teint und unseren Falten wider. Die Rechnung ist eigentlich

Ein Lächeln kostet nichts – und schenkt doch so viel Freude.

ganz einfach: Je ungesunder wir leben, desto müder, ausgelaugter und fahler wirken wir. Diesem Erscheinungsbild können wir aber ganz bewusst entgegenwirken – nicht um uns selbst zu verbessern, sondern aus der Motivation heraus, es uns möglichst lang und möglichst oft gutgehen zu lassen. In einem vitalen, entspannten Körper fühlt sich ein gesunder Geist pudelwohl, und wenn man weiß, wo man seine Energiequellen auftun und wie man sich seine Zeit bewusst und achtsam einteilen kann, kommt man seinem persönlichen Wohlbefinden Schritt für Schritt näher. Selbstliebe statt Selbstoptimierung. Genussvolles Leben statt Hamsterrad. Strahlen im Gesicht statt Sorgenfalten. Klingt gut, oder?

LÄCHELN ENTWAFFNET, LÄCHELN GEWINNT

Ein Lächeln kostet nichts – und schenkt doch so viel Freude. Der simpelste und schnellste Weg zu strahlen ist tatsächlich, einfach die Mundwinkel nach oben zu ziehen. Eine indische Lebensweisheit lautet: Wir sollen morgens lächelnd aufstehen, abends lächelnd schlafen gehen und dazwischen möglichst viele andere Menschen zum Lächeln bringen. Good vibes only! Denn ja – mit einem Lächeln kann man Kontakt aufnehmen und Unsicherheiten überspielen. Manchmal kannst du auch wildfremde Menschen glücklich machen, indem du ihnen einfach ein Lächeln schenkst. In unserem Gesicht haben wir fünfzig Muskeln, etwa zwanzig davon sind für unsere Mimik verantwortlich. Wenn wir grübeln, wütend oder ängstlich sind, spannen wir diese Muskeln an. Diese Anspannung im Gesicht führt zu Verspannungen im ganzen Körper und wirkt sich auch auf unsere Atmung aus. Sie wird flacher und belastet unser vegetatives Nervensystem. Wenn wir jedoch lächeln, können sich die Spannungen im Gesicht und folglich im gesamten Körper lösen. Der Atem wird wieder ruhig und gleichmäßig. Wir fühlen uns nach und nach wieder besser. Ein kleines Lächeln kann also Freude und Glückseligkeit hervorrufen.

Falls heute mal wieder so ein Tag ist, an dem dir gar nicht nach Lächeln zumute ist, ist das beste Gegenmittel ... einfach zu lächeln. Ohne Hintergedanken, offen und freundlich. Ein Selbsttest an der Supermarktkasse, beim Überqueren der Straße, beim Warten auf den

»Der Schlüssel zu deinem Inner Glow liegt in dir.«

Bus oder beim nächsten Gang durchs Büro könnte sich in einen beglückenden Siegeszug verwandeln. Die meisten Menschen reagieren auf ein ehrliches Lächeln nämlich mit Zurücklächeln. Und schon breitet sich eine Welle der Harmonie, der Leichtigkeit und Freundlichkeit aus. Die Gehirne aller Beteiligten empfangen Gute-Laune-Signale, die Hormonsysteme schalten auf „entspannte Freude" und blocken negative Empfindungen ab. Aus Gedanken werden Worte, aus Worten werden Taten – in diesem Sinne ist Lächeln ein ganzheitlicher Akt, der dein gesamtes Umfeld positiv beeinflusst. Schon bevor die Mundwinkel nach oben gehen und sich die Lippen öffnen, hast du die Entscheidung getroffen, den Schalter umzulegen von grau und düster auf hell und strahlend – und zwar nicht nur für dich, sondern auch für dein Umfeld.

Der Schlüssel ist ein Lächeln, das aus deinem Innersten kommt. Es nützt nichts, nur die Zähne zu zeigen. In der japanischen Sprache kennt man verschiedene Worte für Lächeln. *Nikoniko suru* bedeutet (zufrieden an-)lächeln, *niyaniya suru* eher (hämisch) grinsen, *kaishin no emi* ist das Lächeln, wenn ein Wunsch in Erfüllung geht, *reishou* ein höhnisches Lächeln oder Lachen. *Nikoniko* (oder die poetischere Form *hohoemi*) steht also für das Lächeln von Ruhe und Zufriedenheit. Genau darum geht es: diese unaufgeregte, leise Freundlichkeit, mit der w r Menschen sanft für uns einnehmen. Es gibt Umfragen, die besagen, dass 95 Prozent ein Lächeln erwidern, wenn sie angelächelt werden. Bei 92 Prozent löst Lächeln sogar ein Gefühl der Dankbarkeit aus. Und die Mehrheit der Menschen würde dort, wo man auf andere trifft, und sei es nur ein Skype- oder Zoom-Meeting, mehr Lächeln schön finden. Anscheinend gibt es in unseren Breiten ein „Lächel-Defizit".

Selbstliebe statt Selbstoptimierung. Strahlen im Gesicht statt Sorgenfalten. Klingt gut, oder?

Land des Lächelns

Viele assoziieren mit dem Begriff „Land des Lächelns" Japan und China, aber auch Thailand buhlt mit diesem Slogan um Touristen aus aller Welt. Er lässt sich darauf zurückführen, dass Menschen in Asien in der Öffentlichkeit sowohl in guten als auch in schlechten Zeiten ein Lächeln auf ihren Lippen tragen. Ein hohes Maß an Selbstbeherrschung und die damit verbundene Kontrolle der Gefühle in der Gesellschaft gehören ganz einfach zur Verhaltenskultur. Die Fassade soll, egal in welcher Gemütsverfassung man sich gerade befindet, aufrechterhalten und Blamage verhindert werden. Außerdem will man durch Lächeln vermeiden, seine Mitmenschen mit den eigenen Sorgen zu belasten. Natürlich heißt das nicht, dass nicht auch in Asien als Ausdruck positiver Emotionen ausgiebig gelacht wird. Aber auch im vertrauten Umfeld und innerhalb der Familie ist der Umgang mit dem Lächeln ein anderer. Gerade wenn Menschen sich untereinander wohlfühlen und gut gelaunt sind, wird in Asien seltener gelächelt und ein grober Tonfall als Zeichen des Vertrauens angeschlagen. Für uns Europäer führt das ständige Lächeln in der Öffentlichkeit mitunter zu Verwirrung. Als angenehm empfinden wir den herzlichen Empfang und die Freundlichkeit. In Asien wird aber auch in Situationen wie Leid oder Trauer gelächelt, um Mitgefühl auszudrücken, was sich für uns völlig falsch anfühlt. Man lächelt lieber, als seine Unsicherheit, seine Unwissenheit oder seine Verlegenheit zu zeigen. Das heißt für uns wiederum – als kleiner Reiseknigge: Auch wir Europäer erreichen in kritischen Situationen in Asien mehr mit einem Lächeln als mit Lautstärke und Schroffheit.

LACHEN, MEDIZINISCH BETRACHTET

Lachen hat mindestens drei positive Auswirkungen auf den menschlichen Körper: Unsere Abwehrkräfte werden gestärkt, der Stresspegel sinkt und ein Hormonschub sorgt nachweislich für Glücksgefühle. Wenn wir aus vollem Herzen lauthals lachen, werden von unserem Kopf bis zum Bauch etwa 300 Muskeln angespannt, 17 sind es allein im Gesicht. Richtiges Lachen kann man sogar mit Spitzensport vergleichen. Vielleicht hattest du a nach einem besonders lustigen Abend sogar schon mal einen Muskelkater in den Wangen und in der Bauchregion.

Es ist wirklich erstaunlich: Durch die schnellere Atmung erhöht sich der Gasaustausch um ein Dreifaches. Wir spannen unser Zwerchfell an, dadurch dehnen sich die Lungenflügel. Wenn wir dann kräftig

loslachen, pressen wir den Atem stoßartig mit fast 100 Stundenkilometer aus der Lunge. Atmen wir wieder ein, nimmt die Lunge viel neue Luft auf. Der Sauerstoff gelangt in die roten Blutkörperchen. Das Herz schlägt schneller und pumpt das sauerstoffreiche Blut durch den Körper. Für kurze Zeit ist unser gesamter Organismus sehr aktiv. Der Stoffwechsel wird angeregt. Erst nach der Aufregung durch den Lachanfall entspannt sich der Körper wieder. Jetzt weiten sich die Arterien, der Blutdruck sinkt und es folgt ein Entspannungszustand. Dass sich mit dem Lachen auch Wohlbefinden einstellt, kann nicht nur subjektiv empfunden, sondern auch wissenschaftlich belegt werden.

Das Zentrum für unsere Gefühle liegt im limbischen System, einer evolutionsgeschichtlich alten Region im Gehirn. Wenn wir lachen, wird dort das Glückshormon Endorphin produziert, das wiederum in die Blutbahn gelangt. Währenddessen wird die Ausschüttung des Stresshormons Adrenalin unterdrückt. Diese kurzzeitigen Veränderungen im Hormonhaushalt können so stark sein, dass sie helfen, Schmerzen zu lindern. Auch das Immunsystem wird durch das Lachen angeregt. Antikörper, die der Körper zum Schutz vor Bakterien und Viren braucht, werden neu gebildet.

Als Kinder lächeln wir etwa 400 Mal am Tag und lachen bis zu 150 Mal laut drauflos. Mit den Jahren geht uns dieses natürliche Lächeln mehr und mehr verloren. Erwachsene lächeln im Schnitt nur noch 15 Mal und bis zum herzlichen Lachen bringen sie es nur sechs Mal täglich. Bei ungefähr acht Stunden Schlaf ist das nicht einmal ein Lächeln pro wacher Stunde. Traurig, oder? Die Ursachen dafür sind vielfältig. Zum einen erfahren wir mit dem Erwachsenenalter den Ernst des Lebens. Es wird viel mehr Verantwortung getragen, Erwartungen sollen erfüllt und Sorgen ertragen werden. Bei steigendem Druck fällt das Lächeln zunehmend schwerer. Zum anderen bleibt weniger Zeit für Freizeit, Hobbys und die Dinge, die uns besonders großen Spaß machen. Stattdessen wird der Tag mit beruflichen und privaten Verpflichtungen verbracht, die zwar auch Freude auslösen können, aber uns eben deutlich seltener zum Lachen bringen. Gerade im Job ist natürlich Professionalität gefragt. Gute Stimmung mag zwar einige Vorteile haben, wer aber dauerhaft lächelt oder vor sich hin lacht, steht schnell unter dem Verdacht, seinen Job nicht ernst genug zu nehmen. Manche Vorgesetzten glauben sogar, ihre Angestellten seien abgelenkt oder faul. Und je höher der Status und die Hierarchieebene sind, umso seltener wird gelächelt. Je weiter oben, desto versteinerter die

Lachen stärkt unsere Abwehrkräfte, der Stresspegel sinkt und ein Hormonschub sorgt nachweislich für Glücksgefühle.

Mienen. Entsprechend ernst geht es in vielen Unternehmen zu. Dabei bringt ein positives Betriebsklima, in dem viel gelächelt und gelacht wird, große Vorteile: Die Mitarbeiter sind motivierter, kreativer, produktiver und dem Arbeitgeber gegenüber loyaler.

Um das Lächeln zu üben, brauchst du keine Hilfsmittel und es kostet nichts. Einfach mehr läche n – ab jetzt. Folgende kleine Übung stimmt dich positiv und macht dich und die Welt um dich herum glücklicher.

ÜBUNG

Heute schon gelächelt?

Egal wo du gerade bist Beginne dein Gesicht zu entspannen. Dein Unterkiefer ist ganz locker. Öffne deinen Mund leicht. Deine Zunge liegt locker in der Mundhöhle. Beginne ganz sanft durch den Mund ein- und auszuatmen. Atme – anders als beim Yoga – nicht kraftvoll und tief, sondern ganz flach und ruhig. Entspanne dich mehr und mehr. Lasse deinen Körper einfach atmen, **bis der Atem ganz natürlich und weich ist.**
Sobald du spürst, dass du immer ruhiger wirst, stelle dir vor, wie du innerlich zu lächeln beginnst. Ein Lächeln, das aus deinem Bauch und deinem Herzen kommt und sich in deinem ganzen Körper ausbreitet. Du kannst gar nicht anders. Dein Gesicht macht es ganz von allein. Die Mundwinkel ziehen leicht nach oben. Erst zart, sanft und zerbrechlich, bis du richtig breit grinst.

Wenn du dieses **innere Lächeln** einmal erlebt hast, hast du ein wertvolles Werkzeug entdeckt, das dir helfen kann, glücklich zu bleiben. **Gerade wenn du das Gefühl von Zuversicht und Hoffnung vermisst, schließe deine Augen und aktiviere dein inneres Lächeln wieder neu.**

Durch diese kleine Übung können wir in uns selbst einen Zustand von tiefer Entspannung und innerer Harmonie herstellen. Diese „lächelnde Energie" leiten wir ganz bewusst durch den Körper, **wir kommen mit uns selbst auf wertschätzende Weise in tiefen, liebevollen Kontakt**. In unserem Herzen wachsen Liebe und Freude. Glückseligkeit strömt durch unseren Körper, wir spüren uns erfrischt und lebendig, nehmen die Welt rund um uns viel positiver wahr und können ihr mit mehr Liebe und Respekt begegnen.

7 GRÜNDE, HÄUFIGER ZU LÄCHELN

 Lächeln macht sofort gute Laune

Lächeln ist nicht nur ein Ausdruck, sondern auch ein Auslöser von Freude. Unserem Gehirn ist es vollkommen egal, ob es einen Grund für das Lächeln gibt, dahinter steht die sogenannte Facial-Feed-back-Hypothese. Sie besagt, dass Gesichtsmuskelbewegungen das eigene emotionale Erleben beeinflussen: Auch wenn du nur grundlos vor dich hin grinst, fühlst du dich augenblicklich besser. Die am Lächeln beteiligten Muskeln signalisieren deinen grauen Zellen: Es wird gelacht – Glückshormone los!

 Lächeln macht sympathischer

Diesen Effekt kann man ganz leicht im Alltag beobachten. Betrachte verschiedene Menschen in deinem Umfeld: Einige lächeln, einige machen ein ernstes Gesicht. Wer ist dir auf Anhieb sympathischer? Genau! Ein Lächeln spricht andere Menschen an, signalisiert Offenheit, Ehrlichkeit und Vertrauenswürdigkeit. Zudem steigen Menschen, die häufiger lächeln, im Ansehen ihrer Mitmenschen.

 Lächeln lindert Schmerzen

Die beim Lächeln ausgeschütteten Endorphine sorgen zum einen für Glücksgefühle, aber sie wirken auch entzündungshemmend, schmerzstillend und angstlösend. Wer unter leichten Schmerzen leidet, kann diese also „weglächeln", der Blutdruck sinkt, die Verdauung wird angeregt und wir schlafen besser. Noch Stunden nach einem Lachanfall ist die Zahl der natürlichen Killerzellen im Blut erhöht, was die Abwehr von Krebs und Herzkrankheiten unterstützt.

 Lächeln macht kreativ

Das Gehirn belohnt Lebensfreude mit gesteigerter Denkleistung und neuen Sichtweisen. Stehen wir einer neuen Aufgabe offen und lächelnd gegenüber, fällt es uns leichter, kreativ zu sein und neue Ideen zu entwickeln. Wir sind motivierter, produktiver und engagierter.

 Lachen berauscht

Finden wir etwas so richtig witzig und lachen, schüttet unser Gehirn das Glückshormon Dopamin aus. Wir werden euphorisch und fühlen uns richtig berauscht. Ja, so ein Lachflash hat es in sich!

Wer lächelt, sticht aus der Masse heraus

Es ist leicht, in einer Menschenmenge unterzugehen und nicht bemerkt zu werden. Ein einfacher Trick dagegen: Lächeln! Schon seit Urzeiten versucht der Mensch zwischen Freund und Feind zu unterscheiden. Wer lächelt, ist ein Freund, von ihm geht keine Gefahr aus. Er wird eher angesprochen und man merkt ihn sich leichter.

Lächeln verlängert das Leben

Eine chinesische Weisheit besagt: „Jede Minute, die man lacht, verlängert das Leben um eine Stunde." Und da ist was dran! Humor ist eine Charakterstärke, die uns das Leben erleichtert. Durch ihn kommer wir mit widrigen Situationen des Alltags wie Krankheit und Verlust besser zurecht, verfallen weniger in Stress und negative Gefühle und können dadurch auch den Alterungsprozess positiv beeinflussen.

Dein Glück ist hier und jetzt

Kleine Glücksmomente sind die Würze des Alltags. Wünschst du dir dauerhaft mehr Energie für Dinge, die du liebst, hilft es, diese kleinen magischen Momente bewusst wahrzunehmen und abzuspeichern. Es ist das kleine Glück, das dich abends dankbar und strahlend einschlafen lässt.

» **Jeder Augenblick ist von unend- lichem Wert.** «

JOHANN WOLFGANG VON GOETHE

WAS IST GLÜCK?

Eine schwierige Frage, die wir uns irgendwann einmal alle stellen und auf die jeder von uns wahrscheinlich eine sehr individuelle, persönliche Antwort hat.

Was außer Frage steht, ist, dass wir uns wünschen glücklich zu sein. In der Psychologie ist die Glücksforschung ein riesiges Feld. Eine Definition von Glück gefällt mir besonders gut:

Zufriedenheit + Glücksmomente = Glück

Glück setzt sich also aus diesen beiden Zutaten zusammen. Zufriedenheit ist eine eher kognitive Bewertung, sie kommt sehr stark durch die Einstellung zustande: Ist das Glas halb voll oder halb leer? Diese Basis-Zufriedenheit, die wir alle anstreben, bezieht sich auf die unterschiedlichsten Bereiche im Leben: das Familienleben, die Partnerschaft, den Job, auf unser Zuhause und auch auf uns selbst. Unsere Zufriedenheit ist der Sockel, auf dem wir unser Glück bauen.

Glücksmomente sind das i-Tüpfelchen, sie finden immer in der Gegenwart statt. Das kleine Glück im Hier und Jetzt, Sonnenschein, der deine Nasenspitze kitzelt, ein Sprung in einen kristallklaren See oder ein Gespräch mit einem lieben Menschen. In diesen Momenten geht es nicht um das Denken, sondern nur um das Fühlen. Wie erlebst du solche Momente – nebenbei oder mit all deinen Sinnen? Je bewusster du solche Momente wahrnimmst, desto intensiver kannst du sie erleben und als freudvollen Moment abspeichern, auf den du dann zurückblickst. Und jeder klitzekleine Glücksmoment landet dabei auf unserem Glückskonto. Es geht tatsächlich nicht um die großen Highlights im Leben, sondern um die Fülle der kleinen Momente und wie wir sie wahrnehmen. Umso mehr, umso besser. Wenn wir es schaffen, unseren Kopf auszuschalten, unser Denken kurz zu unterbrechen und stattdessen mit allen Sinnen kleine Momente der Harmonie und des Glücks wahrzunehmen, landen wir ganz schnell im Jetzt.

Durch bewusstes Wahrnehmen mit all unseren Sinnen schaffen wir eine Anlegestelle für das Glück.

Wir kennen das alle: In unserem Alltag sind wir viel zu oft in unserem persönlichen Hamsterrad und dem damit verbundenen Gedankenkarussell gefangen. Wir geben diesen kleinen Glücksmomenten damit überhaupt keine Chance. Sie können nämlich erst stattfinden, wenn wir mit unserer Aufmerksamkeit wirklich in der Gegenwart sind.

Ein Beispiel: Du spazierst durch einen wunderschönen Park und bist ganz in deinen sorgenvollen Gedanken gefangen und grübelst. Deine Umgebung nimmst du fast gar nicht wahr, weil deine Gedanken dich ganz einnehmen.

Oder: Du spazierst durch denselben Park und nimmst das Grün der Wiese wahr, du riechst die Blumen, spürst die Kieselsteine unter deinen Füßen und hörst die Vögel zwitschern. Du beachtest jede Kleinigkeit, jeden Windstoß, jede Wolke, die vorbeizieht. Wie schön!

Durch dieses bewusste Wahrnehmen mit all unseren Sinnen schaffen wir eine Anlegestelle für das Glück. Wer versucht, seine Sinne zu schärfen und bewusst zu leben, stolpert früher oder später über den Begriff „Achtsamkeit".

ACHTSAMKEIT, WAS IST DAS?

Achtsamkeit ist die bewusste Wahrnehmung und das Erleben des aktuellen Moments mit allem, was dazugehört, mit all unseren Gedanken und Emotionen. Wir sehen, riechen, schmecken und fühlen, wir nehmen mit all unseren Sinnen wahr, aber ohne zu hinterfragen, zu kategorisieren, einzuordnen oder nach „gut" und „schlecht" zu bewerten. Dieser geistige Zustand bringt meist eine ganz eigene Qualität des Erlebens mit sich. Du fühlst dich dadurch dir selbst und dem Leben nah und direkt verbunden, ganz ruhig und friedlich, weil du nur beobachtest, weil du im Augenblick nicht kämpfen musst, weil alles sein darf, wie es eben ist. Mal traurig, mal fröhlich, mal einfach, mal kompliziert – lebendig, klar, simpel und gut. Deshalb macht uns Achtsamkeit glücklich.

Das Konzept der Achtsamkeit hat seine Ursprünge im Buddhismus und ist seit mehr als 2000 Jahren bekannt. Die meiste Zeit des Tages verbringen wir unachtsam. Wir spulen unsere Gewohnheiten ab und hinterfragen unsere Denk- und Handlungsmuster nicht. Wir stehen auf, wir ziehen uns an, wir putzen uns die Zähne. Wie ein Uhrwerk. Tag

für Tag. Der Teil unseres Gehirns, der für Gewohnheiten und Auto-
matismen zuständig ist, die Basalganglien, brummt also fröhlich und
ist voll aktiv. Wir sind auf Autopilot und der ist auch wichtig, damit
wir unseren Alltag bewerkstelligen können. Uns Menschen gehen im
Schnitt etwa 60.000 Gedanken pro Tag durch den Kopf. Würden wir
jedem Gedanken nachgehen, jede Handlung hinterfragen, jede kleine
Entscheidung bewusst treffen müssen, wäre unser Gehirn ganz einfach überfordert. Routinen sind also prinzipiell wichtig, aber sind wir
ganz in unseren Gewohnheiten gefangen, verschwindet die Zeit dabei
einfach. Wir bekommen gar nicht richtig mit, wie wir uns fühlen, was
wir denken und was um uns herum passiert. Unser Autopilot ist das
Gegenteil von Achtsamkeit.

Wenn du voll und ganz „da" bist und den Moment mit all deinen Sinnen (er)lebst, genau dann bist du achtsam. Du beobachtest deine Gefühle, merkst aktiv, ob du gerade frustriert oder fröhlich bist, ob dich
eine Situation stresst oder langweilt.
Aber nicht nur dich selbst, auch deine Umgebung erlebst du mit allen
Sinnen. Du hörst den Straßenlärm, du spürst den Wind in den Haaren
und riechst die Frühlingsblumen. Du bist ganz bei dir, voll und ganz
mit allem verbunden. Indem du dich und deine Umgebung aufmerksam beobachtest, bist du voll im Leben.

Das Schöne und Friedliche an Achtsamkeit ist, dass sie nicht wertet und nicht urteilt. Bist du zum Beispiel genervt, nimmst du das bewusst wahr, ohne dir zu sagen: „Das ist jetzt aber schlecht, ich sollte mich besser anders fühlen." Achtsames Wahrnehmen heißt wahrzunehmen, wie es tatsächlich ist, ohne einen Rattenschwanz an Bedeutungen. Auch wenn du gerade glücklich bist, erlebst du das entspannt, ohne gleich in einen überschwänglichen Jubelmodus zu verfallen. Und natürlich ohne dich auch gleich wieder zu sorgen, dass dieses Glück wieder vorbei sein könnte. Wenn wir das zustande bringen, wenn wir es also schaffen, nicht zwischen himmelhoch jauchzend und zu Tode betrübt hin und her zu trudeln, dann finden wir unsere Balance, unsere Mitte, die für unsere Basis-Zufriedenheit so wichtig ist.

Wenn wir lernen wollen, dass unsere Gedanken und Gefühle nicht unser tatsächliches Leben ausmachen, dann hilft uns die Erkenntnis, dass sie vergänglich sind. In einem Moment fühlen wir uns wunderbar, zwei Stunden später machen wir uns vielleicht große Sorgen. Gefühle kommen und gehen, sie sind nichts, worauf du dich verlassen kannst. Noch dazu identifizieren wir uns sehr oft viel zu stark mit unseren Gefühlen. Wir sagen: „Ich bin traurig", und nicht: „Ich spüre eine Gefühl von Traurigkeit". So geben wir unseren Gefühlen eine noch viel größere Bedeutung. Wie wäre es, wenn du stattdessen denken würdest: „Ich spüre ein Gefühl von Traurigkeit, das wieder vergehen wird."

Indem du dich und deine Umgebung aufmerksam beobachtest, bist du voll im Leben.

Achtsamkeitstraining wird schon seit den 1980er-Jahren angewendet, um Menschen beizubringen, besser mit Stress umzugehen. Es hilft nachweislich bei posttraumatischen Belastungsstörungen oder Angsterkrankungen und vielem mehr. Gezielte Achtsamkeit ist ein Wundermittel, das dein Leben auf breiter Ebene besser macht. Du kannst nicht nur besser mit Stress und Druck umgehen, eine Steigerung deiner Achtsamkeit im Alltag erhöht deine Fähigkeit, dich und deine Handlungen besser zu steuern. Anders gesagt: Du tust öfter, was richtig und vernünftig für dich ist. Denn weil du einen besseren Kontakt zu dir selbst hast, erkennst du schneller, wenn dein Denken und Handeln nicht zu deinen Zielen passt. Wenn du Dinge tust, die kontraproduktiv und nicht zielführend sind, kannst du ganz bewusst gegensteuern. So macht dich Achtsamkeitstraining produktiver, entspannter und vor allem gesünder und ausgeglichener. Du hast mehr Energie für die Dinge, die dir wirklich wichtig sind.

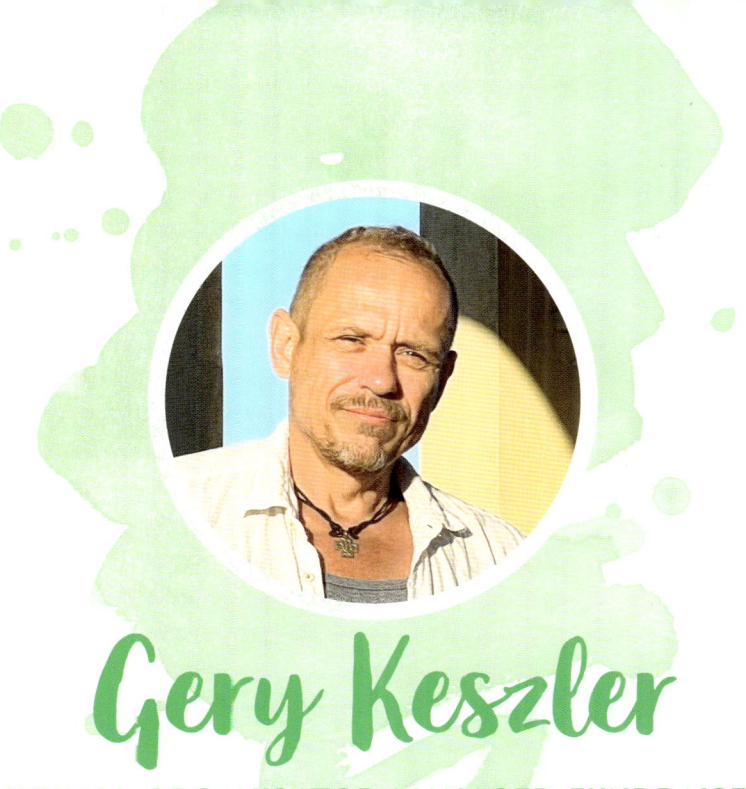

Gery Keszler

LIFEBALL-ORGANISATOR, MANAGER, FUNDRAISER

„Zeit ist unser kostbarstes Gut, sie läuft nur in eine Richtung weiter. Auch wenn der Tod im Raum steht, ist es wichtig, das Leben zu feiern." – Kein anderer hat das so laut gesagt und so wirksam getan wie Gery Keszler. „Mitte der 80er-Jahre hat der Arzt zu mir gesagt, ich solle mir noch drei schöne Jahre machen.' 38 Jahre später lächelt mir Gery Keszler von seiner idyllischen Veranda im Südburgenland entgegen.

Wir schreiben zwei Jahre nach dem letzten Lifeball, kurz nach Gerys neuestem Benefizevent zugunsten der österreichischen Corona-Hilfe. Mühsam, anstrengend, streitsüchtig und perfektionistisch – so wird Gery Keszler in den Medien oft beschrieben. Er ist ein Mann, der polarisiert. Jahr für Jahr hat er sich selbst und sein Team bis an die Grenzen getrieben, um seine künstlerische Vision wahr werden zu lassen und den Kampf gegen Stigmatisierung und Diskriminierung voranzutreiben. Er hat Tabus gebrochen, Millionen im Kampf gegen Aids gesammelt und Weltstars von Elton John bis Bill Clinton, von Liza Minelli bis Naomi Campbell nach Wien geholt, um das Leben zu feiern – laut, schillernd und bunt. Seine eigene HIV-Infektion hat er erst nach vielen Jahren öffentlich gemacht. Wie hat es die Wochenzeitung Falter einmal formuliert? „Gery Keszler nervt. Und das ist gut so." Diplomatisch war er nie, dafür aber einer, der Aufmerksamkeit erregt und bewegt. Dabei gibt es da auch noch den anderen, ruhigen, milde lächelnden Gery, der mit Freund und fast 50 Tieren ein einfaches, zurückgezogenes Landleben führt. Hier entstehen seine spektakulären Ideen, hier sammelt er Kraft, hier genießt er sein Leben.

Gery, woher nimmst du deine Lebensfreude und unermüdliche Energie zu helfen?

Wenn ich Dinge machen muss oder will, dann kann ich nicht anders. Dann bin ich 100-prozentig fokussiert und das ungeachtet aller Konsequenzen.

In mir leben zwei Personen, der Life-Ball-Organisator, der Partymensch einerseits und der zurückgezogene Gery andererseits, der seine Kraft aus der Liebe zur Kultur, zur Oper und Geschichte, und der Natur bezieht. Es gibt in der Natur so vieles, das fasziniert und das in seiner Einfachheit auch wieder so komplex ist – und mich einfach glücklich macht. Zuallererst das, was wir als Schöpfung bezeichnen. Darin stecken so viele Wunder und die möchte ich erfahren – in jeder Sekunde meines Lebens. Daraus entsteht Inspiration. Kultur und Natur – das sind meine Credos, die sehr wenig mit dem Image zu tun haben, das ich nach außen trage.

Glaubst du, dass es dir leichter fällt, dich sowohl deiner Berufung als auch deinem zurückgezogenen Privatleben so hingebungsvoll zu widmen, weil du schon so früh mit einer derart schlimmen Diagnose konfrontiert wurdest?

Mit dem Gedanken, dass das Leben ein Geschenk ist, fällt es leichter, konsequent und kompromisslos zu sein. Ich habe mein Leben

lang immer nur getan, worin ich Freude und Sinn gesehen habe, ohne über Konsequenzen nachzudenken. Es ist wichtig, auch mal ein Risiko einzugehen. Weil ich keine Kinder habe, nur meine Tiere, war mir der Gedanke an Sicherheit fremd. Das macht es natürlich leichter. Eines weiß ich aber schon: Wenn man seine Sicherheit verliert, dann entsteht Angst und Unbehagen. Es gilt das richtige Maß zu finden zwischen Sicherheit und Risiko.

Viele Menschen suchen ihr Glück in der Zukunft, planen ihr Glück für die Zukunft. Das ist grundlegend falsch. Das Glück hast du in jedem einzelnen Moment – oder eben nicht. Deswegen ist es so wichtig, ehrlich mit dir selbst zu sein, dass du Mut hast, zu deinen Überzeugungen zu stehen. Natürlich brauchen wir zum Glücklichsein das Kollektiv und den Dialog, das Miteinander, aber für mich ist auch der Rückzug ungemein wichtig. Ich brauche die Balance zwischen diesen beiden Leben. Über all dem steht natürlich das Gefühl geliebt zu werden.

Viele haben einen immer angespannten, ernsten, verbissenen, für die wichtige Sache kämpfenden Gery Keszler vor Augen. Wenn man dich besser kennt, weiß man, wie humorvoll du bist. Was lässt dich lächeln?

Dinge, die geistreich sind, bringen mich zum Lächeln, genauso wie Menschlichkeit und neue Entdeckungen. Und Herzlichkeit natürlich.

Nach dem letzten Life Ball habe ich mich in meine „andere" Welt zurückgezogen, auch das einfache Leben am Land lässt mich lächeln. Ich glaube, jeder hat die Sehnsucht, Ruhe zu finden, damit geht Wohlbefinden einher. Es ist eine Grundvoraussetzung, um

»Es gibt in der Natur so vieles, das fasziniert und das in seiner Einfachheit auch wieder so komplex ist – und mich sehr glücklich macht.«

cool und gelassen, aber auch produktiv und effizient zu sein. Viele kennen mich als manischen Perfektionisten, aber ich habe auch viel Trägheit in mir. Es dauert zum Beispiel wirklich lang, bis Sport mir Spaß zu machen beginnt. Ein langer Spaziergang in der Natur hingegen löst richtig viele Glücksgefühle in mir aus, da muss ich mich nicht abhetzen.

Wie geht es nach dem Ende des Life Ball weiter?

Ich glaube unerschütterlich daran, dass es weitergeht, dass es eine Aufgabe gibt, die ich zu erledigen habe. Der Life Ball hat auf seine Art und Weise Tabus aufgebrochen, das war seine wichtigste Leistung – wichtiger als die Millionen, die zusammengekommen sind. Er hat ein Randthema in die Mitte der Gesellschaft getragen. Und es war notwendig, so laut zu sein. Nach dem Life-Ball-Ende ging es mir echt mies, aber es war die richtige Entscheidung. Ich wurde dadurch zum Nachdenken gezwungen – auch das war wichtig. Mein letztes Projekt, das Benefizkonzert „Austria for Life", war ein Signal für alle Österreicher und Österreicherinnen in der Corona-Pandemie, um zu sagen, dass wir alle Krisen bewältigen können, wenn wir nur zusammenhalten.

Wie wichtig ist Genuss für dich?

Genuss hat etwas mit Wahrnehmen zu tun, er sollte selbstverständlich sein. Genuss braucht aber auch Zeit. Für mich ist es eine der schwierigsten Aufgaben überhaupt, mir bewusst Zeit zu nehmen. Ich will ständig etwas schaffen, und wenn es der hundertste Baum ist, den ich auf meinem Grundstück eingrabe. Sandra, vielleicht sollte ich mit dir Yoga machen, das würde mir helfen. Für mich ist das totale Abschalten ein Kampf! Etwas genussvoll zu machen, heißt noch immer nicht, dass ich dabei abschalte, aber es ist wohl ein erster Schritt. Das Faszinierende an Meditation und Yoga, aber auch am Sich-verwöhnen-Lassen oder dem absoluten Nichtstun ist, dass man das Ganze auf einer körperlichen und geistigen Ebene erfährt. Warum kann ich das nicht? Sandra, sag mir das!

ACHTSAMKEIT UND YOGA

Will man Achtsamkeit üben und trainieren, dann gibt es die unterschiedlichsten Möglichkeiten, denn Achtsamkeit betrifft ja auch ganz unterschiedliche Ebenen. Ich habe meinen Weg in ein achtsames Leben über Yoga gefunden. Klar, beim Yoga geht es um Beweglichkeit, Kraftaufbau, um Entspannung und Stressabbau. Das Besondere an Yoga ist aber die Konzentration auf den Atem und der nach innen gerichtete Fokus. Yoga und Achtsamkeit sind also Zwillinge. Denn wenn du Yoga ohne Achtsamkeit übst, machst du eigentlich nur Gymnastik auf einer Matte. Diese achtsame Konzentration beim Yoga hat mir die Augen geöffnet: Spüre ich ein Gefühl der inneren Unruhe aufkommen, die Angst, nicht zu genügen oder ständig etwas vergessen zu haben, dann rolle ich meine Yogamatte aus, setze mich in den Schneidersitz, schließe meine Augen und beginne zu atmen.

ÜBUNG

Pranayama Kumbhaka – die Quadratatmung

Finde einen angenehmen Sitz, etwa auf einem Yogablock, einem Stuhl (mit beiden Füßen fest auf dem Boden) oder auf einer gefalteten Decke im Schneidersitz. Lege die Hände entspannt auf die Knie oder in den Schoß. Schließe die Augen und fokussiere dich auf deine Atmung.

Atme durch die Nase ein und zähle dabei innerlich bis fünf, halte den Atem dann für 5 Sekunden ohne Anstrengung an und genieße den Moment der Fülle. Atme durch die Nase aus und zähle wieder bis fünf. Dann den Atem erneut kurz anhalten, zähle bis fünf und nimm den Moment der Leere wahr. Beginne wieder von vorne. Atme so mehrere Runden lang im Quadrat. Stelle dir dabei vor, du atmest neue Energie ein und lässt mit der Ausatmung alle Anspannung los. Nach 5 bis 10 Minuten lasse den Atem ein paar Mal ganz natürlich fließen und spüre nach.

Das Wort Pranayama besteht aus zwei Teilen. Prana heißt „Lebensenergie", Ayama bedeutet „Kontrolle". Mithilfe der yogischen Atemübungen lernen wir, unseren Atem bewusst wahrzunehmen und zu
steuern. Wir können so unsere Lebensenergie aktivieren und wieder
zum Fließen zu bringen. Kumbhaka ist die Atempause. Pranayama
Kumbhaka also eine Atemübung, bei der es nicht nur ums bewusste
Ein- und Ausatmen, sondern auch um die Pausen dazwischen geht.
Diese einfache Übung senkt Herzschlagfrequenz und Blutdruck und
sorgt für einen tiefen, ruhigen Atem. Sie hilft optimal bei Unruhe und
Stress, und man kann sie eigentlich immer ausüben.

Sobald ich das Gefühl habe, mich wieder besser zu spüren, wieder mehr bei mir anzukommen, gehe ich von dieser Atemübung in meine Yogapraxis über. Die Bewegung im Fluss meiner Atmung, das Spiel von Anstrengung und Entspannung, die Konzentration auf Kleinigkeiten beim korrekten Ausführen meiner Yogaübungen stoppt alle negativen Gedanken, die ich mir vielleicht davor gemacht habe. Nur wenn ich es schaffe, meinen Fokus zu halten, gelingt es mir, auf einem Bein im Baum zu stehen oder den stehenden Tänzer für eine Minute zu halten. Yoga ist mein Lehrmeister und auch nach so vielen Jahren täglicher Praxis entdecke ich in Positionen, die ich schon tausende Male ausgeführt habe, immer wieder Neues. In jeder Yogastunde spiele ich mit meinen eigenen Grenzen, muss körperliche Voraussetzungen und Verletzungen annehmen und beginne mich selbst zu beobachten. Manchmal tut es so richtig gut, mal kurz neben sich zu stehen. Probleme, die vor der Yogapraxis unlösbar schienen, sind danach oft nicht mal mehr einen Gedanken wert. Statt mir tausend Fragen zu stellen, habe ich plötzlich eine Antwort auf die eine Frage, die wirklich wichtig war. Auch an Regentagen verlasse ich mein Yogastudio mit Sonnenschein im Herzen.

»Manchmal tut es so richtig gut, mal kurz neben sich zu stehen.«

EINS, ZWEI, DREI ... ACHTSAM

Ist Yoga für alle das Richtige? Ganz sicher nicht. Vielleicht hilft es dir, eine Runde durch den Wald zu gehen, vielleicht setzt du dich mit einer Tasse Tee in deinen Lieblingsstuhl oder schaust einfach nur aus dem Fenster und versuchst, jedes Detail wahrzunehmen. So unterschiedlich wir alle sind, so individuell ist auch unser Weg, unsere Gedanken unter Kontrolle zu bringen und unsere Aufmerksamkeit zu stärken. Ich lade dich ein zu experimentieren. Vielleicht hast du schon die eine oder andere Sache im Kopf vielleicht bist du noch völlig planlos.

ÜBUNG

Achtsamkeit im Alltag

Ich möchte dir für den Anfang drei kleine, ganz einfache Übungen vorstellen:

Stufen einzeln nehmen

Nimm, wenn du eine Treppe hinauf- oder herabsteigst, die Stufen langsam nacheinander und laufe sie nicht hektisch rauf oder runter. Lege dabei den Fokus auf die Atmung und deine Beinarbeit. Bei dieser Übung geht es darum, die Aufmerksamkeit auf deinen Körper zu richten und so zu mehr Bewusstsein zu gelangen.

Aufmerksam essen

Wir tun es mehrmals täglich, aber meist nur nebenbei. Nimm dir heute für dein Essen genug Zeit und lasse dich nicht vom Fernsehen, deinem Handy oder Arbeit ablenken. Das ist gar nicht so leicht. Achte auf die Gerüche und den Geschmack. Welche Gewürze schmeckst du? Wie fühlen sich die Bissen im Mund an? Was empfindest du?

Gegenstände spüren

Gegenstände, die uns ständig begleiten, nehmen wir kaum bewusst wahr. Nimm dir einen ganz alltäglichen Gegenstand zur Hand. Wie fühlt er sich an? Welche Form hat er? Wie riecht er? Das ist eine Übung, die viel bewirken kann. Du nimmst dein Umfeld, in dem du dich täglich bewegst, bewusster wahr.

Mit allen Sinnen ins Leben

Genuss hält gesund und lässt uns strahlen. Je intensiver du hörst, siehst, riechst, fühlst und schmeckst, desto bewusster kannst du deinen Alltag wahrnehmen. Sich Zeit fürs Genießen zu nehmen, erhöht die Lebensqualität und macht richtig glücklich.

»

Der Mensch ist eine Sonne, seine Sinne sind seine Planeten.

«

NOVALIS

VOM GENIESSEN

Schön langsam werden die Tage länger. Warm ist es noch nicht wirklich, aber im Sonnenschein um die Mittagszeit lässt sich der kommende Frühling schon erahnen.

Heute ist es endlich so weit! Der Eissalon bei uns im Ort öffnet wieder. Ja, eigentlich braucht man noch eine dicke Jacke, um es länger im Freien auszuhalten, aber ich kann das erste Eis der Saison schon schmecken. Zartbittere Schokolade, feinste Pistazie und süße Heidelbeere. Also verzichte ich auf mein Mittagessen und gönne mir eine riesige Portion Lieblingseis. Vernünftig? Nein, wahrscheinlich nicht, aber ein Genussmoment, auf den ich mich den langen, kalten Winter über gefreut habe.

Unsere Glückssensoren sind angeboren. Praktisch, oder? Wenn wir versuchen wollen, achtsam zu leben, unsere innere Sonne aufzuladen und in jedem Augenblick so viel Glück wie möglich zu empfangen, dann können wir dafür unsere Sinne ganz bewusst einsetzen. Sobald wir einen oder mehrere unserer Sinne ansprechen, schärfen und verstärken wir die Wahrnehmung des Empfindens. Genießen wir mit all unseren Sinnen, dann strahlen wir ganz automatisch, denn dabei entstehen eine Reihe von positiven Gefühlen, die, je öfter wir sie erleben, tatsächlich die Synapsen in unserem Gehirn verändern. Das heißt, wir können uns selbst mit bewusstem, sinnlichem Wahrnehmen auf mehr Glück und Wohlbefinden programmieren.

Genusstraining ist eine beliebte Methode in der Psychologie und Psychotherapie und wird zum Beispiel bei Burnout oder Depressionen eingesetzt. Aber auch für gesunde Menschen macht es Sinn, sich regelmäßig Zeit für die eigenen Bedürfnisse zu nehmen und das Genießen bewusst zu üben. Und es ist tatsächlich gar nicht schwer! Wir müssen nicht weit verreisen oder viel Geld ausgeben – das Leben bietet so viele Gelegenheiten zu genießen. Sei es die Sonne, die morgens durch

Kleine Glücksmomente, die uns zum Genießen einladen, warten überall. Wir müssen sie nur wahrnehmen.

den Vorhang blitzt, der erste Schluck Kaffee, ein Spaziergang durch den Wald, eine heiße Dusche nach dem Sport, die Endentspannung Savasana nach einer anstrengenden Yogastunde oder das Trommeln von Regentropfen auf das Dach. Kleine Glücksmomente, die uns zum Genießen einladen, warten überall, nur sind wir oft viel zu beschäftigt, um sie wahrzunehmen.

Du könntest dir zum Beispiel folgende Fragen stellen:
- ⊙ Was brauche ich in diesem Moment?
- ⊙ Was würde mir genau jetzt Genuss bereiten?
- ⊙ Was ist für mich eigentlich entspannend?
- ⊙ Was macht mich zufrieden?

Und dann erlaubst du dir, den Antworten entsprechend zu handeln.

Genuss bedeutet natürlich für jeden von uns etwas anderes. Dein ganz persönliches tägliches Genusstraining könnte zum Beispiel so aussehen:
- ⊙ Ausgiebig und gesund frühstücken.
- ⊙ An einem sonnigen Tag zu Fuß zur Arbeit gehen.
- ⊙ Dir selbst einen Strauß Blumen zusammenstellen.
- ⊙ Deinen Lieblingstee trinken und ein inspirierendes Buch lesen.
- ⊙ Deine Yogamatte ausrollen, um dich in alle Richtungen zu dehnen und zu strecken.
- ⊙ Deinen Lieblingsmenschen extra lang umarmen.

Klingt verlockend, oder? Und genießen macht uns nicht nur glücklich, es hält uns psychisch gesund und gibt uns neue Energie, um uns allen Herausforderungen des Lebens mit mehr Leichtigkeit, Gelassenheit und Freude zu stellen.

7 REGELN FÜR MEHR GENUSS

Im Genusstraining ist von sieben Regeln die Rede, die uns im Alltag daran erinnern sollen, dem „Genuss der kleinen Dinge" ausreichend Platz und Zeit einzuräumen. Gerade in stressreichen Zeiten sind diese kleinen, lustvollen Pausen wichtig.

 ### Regel 1 – Genuss braucht Zeit

Eile ist der Feind des Genießens, denn Genuss hat immer mit Entspannung zu tun und funktioniert nicht von einer Sekunde auf die andere, zwischen zwei Terminen. Nimm dir also ganz bewusst Zeit für deinen persönlichen Genussmoment.

 ### Regel 2 – Genuss muss erlaubt sein

Nicht jeder Mensch hat gelernt, genießen zu dürfen. Wer in einem Umfeld aufgewachsen ist, das von Leistungsdruck geprägt und in dem Genuss ein Tabu war, muss erst lernen, dass es vollkommen in Ordnung ist zu genießen. Angenehme Erfahrungen sind kein Luxus!

 ### Regel 3 – Genuss geht nicht nebenbei

Genuss braucht nicht nur Zeit, sondern auch ungeteilte Aufmerksamkeit. Schnapp dir ein Stück von deinem Lieblingsobst, vielleicht einen frischen Apfel aus dem Garten. Rieche seine Reife, fühle seine Konsistenz und schmecke die herrlich knackige Süße. Ein Traum!

 ### Regel 4 – Wissen, was einem guttut

Jeder Mensch ist anders und hat seine eigenen Vorlieben. Für die einen bedeutet es Genuss, mit den ersten Sonnenstrahlen aufzustehen, andere lieben es, am Wochenende extra lang auszuschlafen. Bestimme selbst, was dir guttut, egal was andere davon halten.

 ### Regel 5 – Weniger ist mehr

Überangebot und Genuss sind nicht miteinander vereinbar – jede Lieblingsspeise verliert ihren Reiz, wenn man sie täglich und reichlich isst. Vieles können wir erst so richtig schätzen, wenn wir es nicht jeden Tag haben, z. B. frische heimische Erdbeeren! Die gibt es nun mal nicht das ganze Jahr.

Regel 6 – Ohne Erfahrung kein Genuss

Sammle Geschmacks-Erfahrungen und beobachte dich selbst. Je genauer du differenzieren kannst, desto eher weißt du, was du brauchst, um Genuss zu verspüren. Werde also dein persönlicher Genussprofi, deine Barista, dein Sommelier, deine Expertin.

 Regel 7 – Genuss ist alltäglich

Warte nicht auf deinen nächsten Urlaubstag, um mit dem Genießen zu beginnen, oder darauf, dass dein Partner Zeit hat oder deine Kinder ihre Hausübungen geschrieben haben. Nimm dir Zeit zu genießen – jetzt, heute, hier. Plane deine Genussmomente ganz bewusst in deinen Alltag ein. Und ja, du kannst sie auch in dein Handy einspeichern oder in deinen Kalender schreiben!

HÖREN

Der Hörsinn ist der nuancierteste unserer Sinne. Schon vor der Geburt ist er so gut ausgebildet, dass ein Embryo Stimmen wahrnehmen kann. Später kann ein Mensch bis zu zwanzig einzelne akustische Signale pro Sekunde unterscheiden.

Wie klingt Stille? Kannst du sie hören? Die größte Ruhe findet man in der Wüste. Als Stille gilt eine Lautstärke bis 20 Dezibel. Um das besser einordnen zu können: Unser Atem macht sich schon mit 10 Dezibel hörbar. Wie klingt dein eigener Atem, wie das Atmen von Menschen, die du liebst, und wie der Atem von Menschen, die du nicht magst? Gibt es Geräusche, die du besonders gerne hast und genießt? Sind das Geräusche aus der Natur? Wie klingen Schritte in einer schneebedeckten Landschaft, wie klingt das Plätschern eines kleines Baches, wie klingt das Summen einer Biene? Hören üben kannst du am besten, indem du dir zuerst mal selbst zuhörst. Wie klingt es, wenn du in einen Apfel beißt? Und wie, wenn du eine Karotte isst oder eine Nuss? Du könntest deinen Hörsinn auch trainieren, wenn du deinen nächsten Spaziergang machst. Achte auf das Rauschen des Windes, das Knacken der Äste und das Zwitschern der Vögel. Oder wie wäre es damit: Belausche Menschen beim Einkaufen, beim Gustieren am Gemüseregal und beim Plausch mit der Kassiererin. Oder ... genieße deine Lieblingsmusik ganz bewusst.

Höre deinen Song

Als Radiomoderatorin ist Musik natürlich mein Steckenpferd und das Auflegen von Lieblingshits mein täglich Brot. Gerade morgens wirkt Musik belebend und motivierend, nicht nur auf die Radiohörer und -hörerinnen, sondern natürlich auf uns im Studio. Musik hat so einen erstaunlichen Einfluss auf zahlreiche physikalische Vorgänge im Körper: Sie verändert den Herzschlag, beeinflusst Atemfrequenz und Blutdruck und wirkt sich auf Muskelspannung und Hormonhaushalt aus. So kann Musik beflügeln, glücklich stimmen, beruhigen, entspannen, Erinnerungen wachrufen und sogar Schmerzen lindern. Musik ist so viel mehr als Unterhaltung – sie ist Balsam für die Seele.

Welche Musik bereitet dir besonders große Freude? Was löst ein trauriger Song in dir aus? Welche Musik motiviert dich, bei welchem Lied bist du sofort happy? Welcher Song versetzt dich sofort in einen besonderen Moment zurück?

Wähle einen Song, der für dich heute genau richtig erscheint. Dann schließe deine Augen. Versuche den Song in seine Einzelteile zu zerlegen: Stimmen, Instrumente, Geräusche. Und dann füge den Song wieder zusammen, Baustein für Baustein, und höre ihn noch einmal in voller Länge und Lautstärke. Was empfindest du?

»Hör auf dich!«

SEHEN

Mit unseren Augen nehmen wir etwa 80 Prozent aller Sinneseindrücke wahr. „Der Mensch ist ein Augentier", heißt es oft. Und tatsächlich fällt es uns viel leichter, Gesehenes zu beschreiben und in Worte zu fassen als beispielsweise einen Geruch.

„Schön ist eigentlich alles, was man mit Liebe betrachtet. Je mehr jemand die Welt liebt, desto schöner wird er sie finden." Wie wahr ist dieser Satz von Christian Morgenstein. Um Schönheit möglichst oft und intensiv zu erkennen und wahrzunehmen, müssen wir genau hinsehen. Schönheit und Vollkommenheit können wir in der Kunst erleben, aber auch in wunderschönen Landschaften entdecken, wir können die Schönheit des Augenblicks sehen, wenn wir beobachten, wie sich erste zarte Sonnenstrahlen nach dem Regen ihren Weg durch die dunklen Wolken bahnen. Unsere Augen sind unser aktivstes Sinnesorgan, sie sind ständig in Bewegung und scannen unsere Umgebung. Wir schalten von nah auf fern und blicken von links und rechts. Aber wusstest du, dass man Farben auch spüren kann. Es gibt Maler, die gar nicht bis wenig sehen können und trotzdem ein Gespür dafür entwickelt haben, welche Farben sie verwenden.

ÜBUNG

Sehsinn schärfen

Schau gerade und konzentriert nach vorne und betrachte dein momentanes Blickfeld so detailliert wie möglich. Achte auf alle Farben und Formen. Dann schließe deine Augen und versuche das Bild vor deinem inneren Auge entstehen zu lassen. Nun öffne deine Augen und überprüfe, wie genau deine Erinnerung mit dem Gesehenen übereinstimmt.

Sehen kannst du auch beim Essen üben: Betrachte ganz genau, was vor dir auf dem Teller liegt. Wie wird es schmecken? Wie sehr beeinflusst dich eine Farbe, eine Oberflächenstruktur oder eine Form?

RIECHEN

Ob frische Blumen, ein Aroma-Bad oder der Duft, den ein selbstgebackener Kuchen in der Wohnung verströmt: Es gibt viele Möglichkeiten, den Geruchssinn anzusprechen.

Unser ganzes Leben lang speichern wir Gerüche, verknüpft mit Emotionen, in unserem Gehirn ab. Selbst nach vielen Jahren lösen bestimmte Düfte Erinnerungen in uns aus. Zum Beispiel vom Sommerregen nasser Asphalt, oder wenn das Haus am Sonntag nach frisch gebratenen Schnitzeln duftet. Wir Menschen können bis zu 10.000 Gerüche unterscheiden. Ob die Dinge für uns duften oder übel riechen, hängt von persönlichen Erfahrungen ab. Die Geruchswahrnehmung geht innerhalb weniger Sekunden ins limbische System, in dem Emotionen gespeichert und abgerufen werden. Binnen Bruchteilen einer Sekunde befindet man sich emotional an dem Ort, mit dem man diesen Duft verbindet. Gerüche können aber auch Sympathie und Antipathie steuern. Wir alle kennen die Redewendungen: „Ich habe die Nase voll von dir, du stinkst mir, wir können uns nicht riechen." Aber lass uns bei positiven Assoziationen bleiben.

ÜBUNG

Was riecht denn da?

Wenn du deinen Geruchssinn aktiv schärfen möchtest, könntest du diese Übung probieren: Lasse von deiner Partnerin oder einem Freund Räucherstäbchen oder eine Duftkerze entzünden und versuche, die verschiedenen Düfte zu identifizieren. Oder lasse dir mit verbundenen Augen verschiedene Gewürzdosen unter die Nase halten und rate, um welches Gewürz es sich handelt.

Wenn du die Übung mit mehrerer Personen gemeinsam machst, kann das sogar ein lustiges Gesellschaftsspiel sein.

TASTEN

Das Fühlen ist das Stiefkind unserer Sinne, dabei entwickelt sich der Tastsinn beim Fötus im Mutterleib als Erstes. Wir fühlen also, lang bevor wir auf die Welt kommen.

Verglichen mit Sehen, Hören, Riechen oder Schmecken gilt der Tastsinn als niedere Wahrnehmung. Auch die Forschung hat dem Fühlen bis jetzt nur wenig Beachtung geschenkt. Manche Wissenschaftler sehen den Grund für die Vernachlässigung des Fühlens in unserer christlich geprägten Gesellschaft. Denn wie kein anderer Sinneseindruck können angenehme Berührungen uns in Entzücken und auch Ekstase versetzen. Berühren, umarmen, streicheln ... angenehmer Körperkontakt bringt die Produktion des Kuschelhormons Oxytocin in Gang, das in uns das Gefühl von Nähe und Geborgenheit auslöst. Unsere

Haut ist unser größtes Sinnesorgan und dank der 3.000 Sinneszellen auf jedem Quadratzentimeter davon spüren wir unglaublich viel. Jeder intensive Liebesakt ist ein Feuerwerk der Berührung und Sinnlichkeit. Hautreize werden in der sensiblen Hirnrinde verarbeitet und über Assoziationsbahnen zum Hypothalamus, dem Steuerzentrum unseres vegetativen Nervensystems, weitergeleitet. Unsere oberste Hormonschaltzentrale steuert dann die Ausschüttung von Stress- oder Antistresshormonen und auch unser Immunsystem wird dadurch gesteuert. Über das Rückenmark werden die durch Berührung erzeugten Erregungen zum limbischen System geleitet, das unsere Emotionen lenkt. Durch Berührung ausgelöste Botenstoffe nehmen Angst, lindern Schmerzen, bauen Stress und Verspannungen ab. Lernfähigkeit und Immunsystem werden gestärkt, Körperkontakt ist also ein wichtiger Faktor für unsere Gesundheit.

Am häufigsten verwenden wir unsere Fingerspitzen, um zu tasten. Was, wenn du heute ganz bewusst deine ganze Handfläche benutzt? Wie wäre es, wenn du deine Füße verwendest, um deinen Tastsinn zu schulen? Eine der einfachsten Übungen ist das Barfußgehen. Für den Anfang kann es ausreichen, konzentriert durch einen stillen Raum deiner Wohnung zu gehen und mit den Fußsohlen den Untergrund zu erfühlen. Du kannst diese Übung natürlich auch im Freien fortsetzen. Laufe barfuß im Gras, auf Steinen oder im Schnee. Ganz nebenbei trainierst du – vor allem, wenn du mit geschlossenen Augen gehst – dein Gleichgewicht.

Berühren, umarmen, streicheln ... angenehmer Körperkontakt bringt die Produktion des Kuschelhormons Oxytocin in Gang.

ÜBUNG

Steine fühlen

Eine wunderbar entspannende Übung ist es, Steine zu fühlen. Sammle verschiedene Steine und trage sie bei dir. Immer dann, wenn du eine Pause brauchst oder den Kopf frei bekommen möchtest, nimm die Steine in deine Hand, schließe deine Augen und konzentriere dich darauf, sie so genau wie möglich zu erfühlen. Um die Übung dauerhaft wirksam zu machen, tausche die Steine regelmäßig aus.

SCHMECKEN

Essen und Trinken sind die naheliegendsten Formen des Genießens. Unsere Zunge beherbergt rund 5.000 Geschmacksknospen und trotzdem wird das Schmecken erst im Zusammenspiel von Zunge und Geruchssinn möglich und natürlich auch durch das Auge beeinflusst.

Das Auge isst mit – dennoch: Unsere Zunge erkennt auch ohne Hinschauen fünf Geschmacksrichtungen: süß, sauer, salzig, bitter und umami (herzhaft, intensiv). Manchmal wird von fettig als sechster Geschmacksrichtig gesprochen. Unsere Zunge hat verschiedene Geschmackszonen. Süß schmeckst du etwa eher an der Spitze der Zunge und bitter weiter hinten. Wobei natürlich durch das Kauen und Hin- und Herschieben im Mund auch Aromen an die Nase weitergegeben werden. Hältst du dir die Nase zu, schmeckst du wesentlich weniger. Auch Geschmäcker lösen Erinnerungen und Emotionen aus. So vermittelt ein Stück frisch gebackener Gugelhupf vielleicht sofort ein Gefühl von Geborgenheit wie damals bei deiner Oma, und der Geschmack eines Currys mit Kokos und knackigem Gemüse weckt auf der Stelle Erinnerungen an den letzten Urlaub. Glück lässt sich also schmecken!

ÜBUNG

Essen im Dunkeln

Ein spannendes Experiment ist das Essen im Dunkeln. Für den Anfang könntest du bei Kerzenschein essen oder du traust dich und schaltest das Licht ganz aus. Konzentriere dich auf den Geschmack des Essens, lasse dir beim Kauen besonders viel Zeit und versuche bewusst, die Textur der Speisen, das Kaugefühl und die verschiedenen Aromen zu schmecken.

Die Übung wird noch effektiver, wenn jemand anderer das Essen gekocht hat und du die verschiedenen Zutaten nicht kennst, sondern erschmecken musst.

EXPERIMENT

Fünf Sinne aktivieren

Diese Übung kannst du zu Hause im Sitzen oder auch unterwegs machen. Genau dann, wenn dein Gedankenkarussell gerade verrückt spielt und du eine Pause brauchst.

Fünfmal sehen

Schließe die Augen und atme tief durch die Nase ein und durch den Mund aus. Verbinde dich bewusst mit deinem Sehsinn. Versuche deine Augen zu spüren. Sind deine Lider schwer, bist du müde oder fit und munter? Egal was du gerade wahrnimmst, versuche nicht zu werten. Dann öffne deine Augen und schau dich um. Benenne im Geist fünf Dinge, die dir sofort ins Auge springen. Zum Beispiel: „Ich sehe einen Stuhl", oder: „Ich sehe eine Lampe".

Viermal spüren

Schließe wieder deine Augen und versuche deinen Körper zu spüren. Bist du verspannt, hast du Schmerzen oder fühlst du dich wohl in deiner Haut? Fühlst du dich locker und frei oder ist da ein Gefühl von Enge? Jetzt benenne im Geist vier Dinge, die du spüren kannst. Entweder du berührst sie aktiv, etwa ein Glas, ein Buch oder die Tischplatte. Oder du spürst subtiler: die Kleidung auf deiner Haut oder den Stuhl, auf dem du sitzt.

Dreimal hören

Wie fühlen sich deine Ohren an? Sind sie kalt oder warm? Kannst du ein zartes Pulsieren wahrnehmen? Benenne drei Dinge, die du jetzt gerade hören kannst. Vielleicht sind es nahe Geräusche, wie das Brummen des Kühlschranks, vielleicht hörst den Wind in den Bäumen vor deinem Fenster oder du nimmst entfernt Straßenlärm oder Stimmen wahr.

Zweimal riechen

Atme ganz bewusst durch die Nase ein und aus. Spürst du den Luftzug beim Ein- und beim Ausatmen? Kannst du frei atmen oder ist deine Nase verstopft? Atme nochmals bewusst ein und aus und benenne im Geist zwei Dinge, die du riechen kannst. Vielleicht Kaffee oder Essen? Oder ein Parfum?

Einmal schmecken

Richte deine Aufmerksamkeit zum Schluss auf deine Mundhöhle. Wie fühlt sich deine Zunge an? Liegt sie locker im Mund? Berührt sie den Gaumen? Ist dein Kiefer locker oder angespannt? Versuche deinen Mundraum zu entspannen, dann schlucke und nimm ganz bewusst eine Sache wahr, die du schmecken kannst. Vielleicht noch etwas Zahnpasta oder den Hauch eines Gewürzes.

Atme noch einmal tief ein und aus. Sei ganz bei dir und nimm dieses Gefühl mit in deinen restlichen Tag.

Klaus Gesselbauer & Kerstin Obermaier

KAFFEERÖSTER

Bingo! – Ich bin bei den beiden Genussmenschen Klaus und Kerstin zum Essen eingeladen, was dem Besuch eines Haubenlokals gleichkommt. Jedes Menü ist durchdacht, spricht alle Sinne an und wird mit einer köstlichen Tasse selbstgerösteten Espressos abgerundet.

„Wir versuchen in jedem Lebensbereich ein Maximum an Genuss zu erleben, egal ob wir essen, trinken, auf Urlaub fahren oder Zeit miteinander verbringen. Ich glaube, deshalb versuchen wir auch, geschmacklich das Beste für uns herauszuholen", erzählt Kerstin lächelnd. Und Klaus ergänzt: „Das heißt nicht, dass wir besonders teuer einkaufen. Im Gegenteil – wir versuchen aus einfachen Lebensmitteln das größtmögliche Geschmackserlebnis herauszuholen." Diese Woche hat den beiden etwa ein Bekannter 3 Kilogramm Amalfi-Zitronen aus dem Urlaub mitgebracht. Für die beiden heißt das sechs Tage experimentieren in der Küche. Das Ergebnis lässt sich sehen und vor allem schmecken: Zitronen-Holunder-Saft, Limonen-Tiramisu, Gnocchi in Zitronen-Basilikum-Butter, Salmone al limone, Zitronenrisotto und – als Krönung – kandierte Zitronenscheiben in dunkler Schokolade.

Genuss braucht Zeit – und Kerstin und Klaus investieren sehr viel Zeit ins Kochen und Backen, aber auch ins Abwaschen und Aufräumen. „Oft überraschen wir einander mit ganz besonderen Gerichten, das macht uns glücklich!" Und dieses gemeinsame Glück sieht man den beiden an. Vor allem Klaus ist begeistert von Prozessen, die mehr Geschmack auf die Zunge zaubern, wie etwa das Fermentieren. Kimchi wird genauso selbst hergestellt wie Misopaste oder Sojasauce. Auch Sauerteigbrot wird selbst gebacken. „Es macht mich unglaublich stolz, ein Brot zu backen, das aussieht wie aus der Backstube", erzählt Klaus. „Ich denke, dieses Interesse an Kochprozessen hat uns auch zum Kaffeerösten inspiriert." Ihren Brotjob haben Klaus und Kerstin wie ich beim Radio. Als Verkehrsredakteure schieben die beiden oft Frühdienste. Natürlich, wer um 4 Uhr morgens in den Tag startet, weiß eine gute Tasse Kaffee so richtig zu schätzen. Auf der Suche nach dem perfekten Espresso haben Klaus und Kerstin zuerst Röstungen verschiedener Kleinröster verkostet, dann die Ausbildung zum Barista gemacht und schließlich damit begonnen, selbst Kaffee zu rösten. Und wie immer, wenn man sich intensiv mit einer Sache auseinandersetzt , hat sich für die beiden ein neues Universum eröffnet. So viele Sorten aus so vielen Ländern stehen zur Auswahl, kein anderes Lebensmittel vereint so viele verschiedene Geschmacksstoffe. Beim Rösten sind es über tausend und die Wissenschaft findet immer noch weitere. Ein Genuss, der einem verwehrt bleibt, wenn man zu Supermarkt-Kaffee greift, denn der ist konstant bitter, während ihre eigenen Kaffeeröstungen je nach Sorte mal nach Haselnuss, Schokolade, Butterkeks, Karamell oder Aprikose schmecken. Andere erinnern an Waldbeeren oder riechen blumig wie Jasmin, denn so sieht auch die Kaffeeblüte aus. „Unsere Liebe zu Kaffee ist eine Einbahnstraße", lacht Klaus. „Hat man einmal richtig guten Kaffee getrunken, kann man nicht mehr zurück."

In den meisten Kaffeeketten werden Industrieröstungen angeboten, Kerstin und Klaus verarbeiten Specialty Coffee. Spezialitätenkaffee beschreibt die Qualität des Rohkaffees und die Tatsache, dass spezielle geografische Anbaugebiete Mikroklima-Kaffees mit besonderen Geschmacksprofilen hervorbringen. Umso besser die Qualität, desto teurer der Rohkaffee – Kerstin und Klaus kennen ihre Lieferanten persönlich – Luiz aus Brasilien, Ulrich aus Nicaragua, Eduardo, der den Kaffee seiner Familie aus El Salvador importiert, oder Markos, der seine Wurzeln in Guatemala hat. Seit 5 Jahren rösten die beiden jetzt Kaffee, begonnen haben sie mit 200, mittlerweile sind es 1.500 Kilogramm, die sie in ihrem Onlineshop, aber auch in Feinkostläden und an ausgewählte Kaffeehäuser verkaufen. Wie sie selbst ihren Kaffee am liebsten trinken? Klaus fällt es schwer, sich festzulegen. „Die Dichte des Espressos macht es aus. Das perfekte Geschmackserlebnis hängt auch mit der Tageszeit und dem Befinden zusammen. Mein Kaffee muss interessant schmecken." Kerstins Espresso muss samtig sein mit einer Haselnuss-Note und im Sommer gerne mit einem Eiswürfel.

Es dreht sich alles ums DUniversum

Nur wenn wir uns selbst annehmen, wertschätzen und lieben, kann unser inneres Licht richtig strahlen. Selbstfürsorge bedeutet, die eigenen Bedürfnisse im Auge zu behalten, Belastungen richtig einzuschätzen und sich nicht zu überfordern.

»

Du selbst, genauso wie jeder andere im ganzen Universum, verdienst deine Liebe und Zuneigung.

«

BUDDHA

ZEIT FÜR DICH

Denk mal genau nach: Wann hast du dir das letzte Mal bewusst Zeit nur für dich genommen? Wann hast du das letzte Mal Dinge getan, die dir guttun? Dinge, die deinen Speicher mit Glück, Zufriedenheit und Lebensfreude auffüllen?

Selbstfürsorge geschieht nicht einfach so. Du musst dir dafür Zeit nehmen, bewusst und gezielt Gewohnheiten entstehen lassen, die deinen Alltag bereichern und die Grundsteine für ein ausgeglichenes und erfolgreiches Leben liefern. Dein inneres Strahlen kannst du nur in einem Körper und Geist finden, den du auch wertschätzt, hegst und pflegst.

Lange Zeit bin ich nach dem Weckerläuten aus dem Bett gesprungen, mit einer elendslangen, nicht zu schaffenden To-do-Liste am Smartphone. Das kann sich ja alles nicht ausgehen! Richtig, kann es nicht. Immer alles schaffen zu wollen und sofort aus dem Tiefschlaf in das Hamsterrad einer Work ng Mum zu springen, hat mich nicht nur gestresst, sondern auch krank gemacht. Meine Energiereserven waren am Ende und meine Haut als Spiegel der Seele hat rebelliert. Ich hatte plötzlich Schübe der Autoimmunerkrankung Lichen ruber. Wodurch diese Erkrankung hervorgerufen wird, ist von der Medizin noch nicht geklärt. Vermutet wird Stress als einer der Hauptauslöser, und Heilmittel gibt es keines. Kortison verschafft eine kurzfristige Linderung, ist aber auf Dauer keine Lösung. Was also tun?

Ein langes, intensives Gespräch mit meiner TCM-Ärztin hat mir vor Augen geführt, dass ich mich zwar Tag für Tag um alle anderen, aber kein bisschen um mich selbst gekümmert habe. Denn „Selfcare" war ein Fremdwort für mich und gesunde Pausen einzulegen, stand einfach nicht auf meiner To-do-Liste. Ich hatte mich in meinem stressigen Alltag verloren und erst die Hauterkrankung hat mich

Selbstfürsorge ist nicht egoistisch, sondern essenziell

wachgerüttelt. Also habe ich meine Ernährung umgestellt und entzündungsfördernde Nahrungsmittel wie Milchprodukte, Fleisch, Mehl und Zucker aus meinem Speiseplan gestrichen – und ich habe Yoga für mich als Ausgleich entdeckt. So habe ich nicht nur meine Autoimmunkrankheit in den Griff bekommen, sondern auch eine neue Lebensphase eingeläutet.

Mir ganz bewusst Zeit für mich selbst zu nehmen und auf meine eigenen Bedürfnisse zu hören, erschien mir in den ersten Wochen ziemlich egoistisch. Einfach schlafen zu gehen, wenn ich müde bin, oder einfach mal nicht zu kochen, sondern die Kids selbst machen zu lassen. Gerade als Mutter reiht man sein eigenes Wohl sehr oft weit hinten ein. Nur wem nützt eine übermüdete oder kränkelnde Mutter? Eben! Selbstfürsorge ist nicht egoistisch, sondern essenziell. Uns wird von klein auf beigebracht, uns in der Gegenwart von Freunden korrekt zu benehmen. „Gib die Hand!", „Sag bitte!", „Bedanke dich ordentlich!" – Aber wer lehrt uns den Umgang mit uns selbst? Auf körperliche Hygiene wie Duschen und Zähneputzen werden wir hingewiesen, aber wie wir für unser seelisches Wohl sorgen können, verrät uns niemand. Wie oft wurde uns gesagt, wir sollen gute Noten mit nach Hause bringen, und wie selten, wir sollen Spaß in der Schule haben. Die meisten von uns haben einen liebevollen und aufmerksamen Umgang mit sich selbst nicht gelernt, dabei sollte er selbstverständlich sein. Viel zu oft vernachlässigen wir unsere eigenen Wünsche und Bedürfnisse. Das liegt an festgefahren Glaubenssätzen, Mustern und Annahmen, die wir vom Leben haben. Es liegt am Umfeld, in dem wir uns bewegen, an unseren gelernten und automatisierten Gewohnheiten und vor allem an unseren Erfahrungen und Erlebnissen in der Vergangenheit. Als Kind bekommen wir gesagt: „Ein Indianer kennt keinen Schmerz!", oder: „Heul nicht wie ein Mädchen!" So ein Unsinn! Du musst dich nicht dafür schämen, gefühlvoll oder feinfühlig zu sein, und keine Schmerzen runterschlucken. Wenn du dir einredest, etwas nicht allein zu schaffen oder etwas nicht verdient zu haben, dann wirst du dich definitiv anders verhalten, als wenn du dir sagst: „Das mache ich jetzt einfach!", oder: „Ja, das gönne ich mir."

Oft wird Selbstfürsorge mit kleinen Aktivitäten verwechselt: Klar kann ein ausgiebiges Schaumbad oder ein köstliches Stück Kuchen ein kleines Verwöhnprogramm sein, kurzfristig Stress abbauen und dich entspannen. Bei echter Selbstfürsorge geht es aber nicht nur um kur-

Wenn du Körper und Geist wertschätzt, hegst und pflegst, schenken sie dir dein inneres Strahlen.

ze Genussmomente, sondern um den wohlwollenden und achtsamen Umgang mit deinem gesamten Selbst und zwar physisch und psychisch. Fürsorglich mit sich selbst umzugehen ist nicht immer einfach und manchmal auch anstrengend. Es setzt voraus, dass man sich den unangenehmen Fragen stellt und vielleicht auch Entscheidungen für sich trifft, die schwerfallen.

Solche Fragen sind:

- Wieso tust du, was du tust?
- Was bereitet dir Freude?
- Was belastet dich?
- Wen oder was solltest du lieber loslassen?
- In welchen Situationen könntest du rücksichtsvoller und gütiger zu dir sein?

Willst du also tiefer in dein „DUniversum" eintauchen, führt kein Weg daran vorbei, dich auch den tiefen Fragen des Lebens zu stellen und dich auf die Suche nach den wahren, persönlichen Bedürfnissen zu machen. Das Ziel von ehrlicher Selbstfürsorge ist es nämlich, die eigenen Bedürfnisse nicht nur zu kennen, sondern sie auch bestmöglich zu erfüllen.

Anita Wimpissinger

OSTEOPATHIN, PHYSIOTHERAPEUTIN, YOGALEHRERIN

„Ich hab mir selbst versprochen, mir die Mutter zu sein, die ich mir wünsche. Wenn wir uns nicht selbst versorgen, können wir auch nicht für andere da sein." – Anita arbeitet ausschließlich mit Frauen. Sie möchte sie darin bestärken, sich selbst zu helfen und ihren Rhythmus im Leben zu finden. Anita hat sich und anderen eine ganze Selfcare-Toolbox zurechtgelegt.

„Besonders wichtig ist mir das bewusste Atmen und meine regelmäßige Yogapraxis. Ich gehe jeden Tag raus in die Natur, auch wenn es nur 10 Minuten sind, ich tanze, singe, spiele Harmonium und laufe. Wann ich für all das Zeit finde? Ich habe keinen Fernseher. Je mehr Zeit wir mit TV, sozialen Medien oder im Internet verbringen, umso mehr Energie müssen wir auch aufbringen, um all die Eindrücke wieder zu verarbeiten. Diese Zeit nutze ich lieber für Dinge, die mir Freude und Kraft geben und für meine Patientinnen. Oft kommen Frauen zu mir, die mit ihren Kräften nicht so haushalten, dass es ihnen selbst gutgehen kann. Sie wenden ihre ganze Energie für ihre Kinder, ihren Partner, ihre Familie und ihren Job auf, bis sie sich leer und ausgelaugt fühlen oder der Körper schmerzt, sie nicht mehr schlafen können und sich der hormonelle Rhythmus verschiebt. Mit Folgen, die sich bei den Frauen in übermäßigem Haarausfall, frühem Wechsel oder unregelmäßiger Mens-

»Wenn wir uns nicht selbst versorgen, können wir auch nicht für andere da sein.«

tuation äußern können. Das Drüsensystem, vor allem die Schilddrüse, reagiert sehr sensibel auf Imbalancen im weiblichen Körper. Auch Selbstoptimierungs- bzw. Sportwahn, der mehr Kraft kostet, als er Ausgleich und Energie gibt, führt dazu, dass man sich ausgebrannt und müde fühlt und die Kraftreserven regelmäßig erschöpft sind.

Der erste Schritt ist zu erkennen: Ja, da ist ein Problem. Der Körper ist ein Spiegel unserer Seele. Schmerzen, Krankheitsbilder, aber auch übermäßige Müdigkeit und Erschöpfungszustände möchten aufmerksam machen auf ein Ungleichgewicht zwischen Geben und Nehmen. Der Körper bittet darum, dass Innegehalten wird und Ziele neu definiert werden. Weiblicher, vielleicht langsamer, in Einklang mit Körper und Geist, damit das Herz den Weg zeigt und nicht der Kopf immer vorauseilt. Ich stelle mir den Körper oft vor wie ein Baby. Ein Baby kann sich nur durch Schreien äußern, damit wir aufmerksam werden und herausfinden, ob es ausgelöst wird durch Hunger, Durst, eine nasse Windel oder einfach nur, weil Wärme und Zuneigung gebraucht werden. Der Körper kommt mir da sehr ähnlich vor. Er schmerzt und zeigt aus der Norm fallendes Verhalten. Andere Möglichkeiten hat er nicht, um darauf aufmerksam zu machen, dass etwas nicht ganz dem entspricht, was uns guttut.

Die Ursachen vieler körperlicher Beschwerden liegen oft tiefer und der Schmerz oder die Symptome finden ihren Auslöser nicht dort, wo wir sie vermuten. In meiner Therapie versuche ich die Balance im Nervensystem wiederherzustellen. Dadurch regulieren sich die Verdauung, der Schlaf-Wach-Rhythmus und letztlich der Hormonhaushalt, der für uns Frauen immens wichtig ist, um gesund zu werden, zu sein und zu bleiben bis ins hohe Alter. Um weiterhin geben zu können, müssen wir uns zuallererst selbst versorgen, auch wenn wir nicht gelernt haben, wie das geht. Der Weg dahin ist ganz individuell, doch zu Beginn geht es immer um das Wahrnehmen des Ist-Zustandes um von dort aus kleine bewusste Schritte setzen zu können in Richtung Gesundheit, Kraft und Wohlbefinden. Viele Frauen neigen dazu, sich klein zu reden und ihre Schwächen zu betonen, anstatt ihre Stärken hervorzuheben. Nach außen hin vielleicht schon noch, aber im inneren Gespräch geht das oft verloren und die innere Kritikerin ist sehr laut zu hören.

Wenn man gesund ist, reguliert sich unser Ess- und Bewegungsverhalten automatisch, dann isst man nur dann, wenn man hungrig ist und nicht, um Energielöcher mit Essen zu stopfen. So muss unser Körper nur verarbeiten, was wir wirklich brauchen und nichts darüber hinaus. Balance wird spürbar. Aus dem Gleichgewicht geraten wir nicht nur, wenn wir zu wenig, sondern auch wenn wir zu viel machen. Gerade sehr sportliche Frauen verbrauchen viel Energie, die sie womöglich in diesem Moment gar nicht haben, deshalb essen sie auch entsprechende Mengen, um danach wieder Sport zu betreiben, oft auch,

um ein „reines Gewissen" zu haben. Das Ergebnis: Trotz Sport und Bewegung fühlen sie sich nicht wohl und ausgeglichen. Der sanftere Weg könnte sein, ein persönliches Maß zu finden und auf die weibliche Intuition zu vertrauen, um Geben und Nehmen in Balance zu halten. Wenn wir uns nicht gut fühlen, neigen wir dazu, Hilfe im Außen zu suchen. Verzweifelt laufen wir von Therapeutin zu Therapeutin, von Ärztin zu Ärztin, bis wir herausfinden, dass die Lösung in uns liegt und bereits da ist. Sie wird spür- und wahrnehmbar durch einen bewussten, ehrlichen und liebevollen Umgang mit uns selbst."

Anitas Selfcare-Tipps

1 Bewusster Alltag
Nimm dir immer wieder Momente Zeit, komme in einer angenehmen Sitzposition an und tritt in den inneren Dialog. Hinterfrage deine Handlungen und Gewohnheiten über den Tag hinweg. Isst du wirklich nur, wenn du hungrig bist? Trinkst du genug? Schläfst du, wenn du müde bist?

2 Mache kleine Schritte
Beginne mit einigen bewussten Atemzügen oder gehe für 10 Minuten raus in die Natur. Gerade zu Beginn gilt es, sich nicht selbst zu überfordern. Lasse dir Zeit, denn solang dein Gedankenkarussell rattert, kannst du deine eigene Stimme nicht hören.

3 Finde deine Leidenschaften
Ja, dafür musst du zuerst Energie aufwenden. Finde heraus, was dir wirklich Freude bereitet. Probiere alles aus, was dir in den Sinn kommt, und dann mache das, was dir am meisten Spaß bereitet. Wenn du Dinge tust, die du von ganzem Herzen liebst, lädst du deine Batterien wieder auf.

4 Regelmäßigkeit hilft
Wenn du gefunden hast, was dir guttut, mache es jeden Tag. Und ganz wichtig: Zelebriere und genieße es. Feiere dich und dein Leben. Finde Dankbarkeit in deinem Herzen für alles, was gerade gut ist – an jedem einzelnen Tag.

SEI PIPPI, NICHT ANNIKA

Zum Bauen und Leben deines DUniversums gehört es auch, dir darüber im Klaren zu sein, womit du es füllen möchtest. Ich habe dabei
seit Kindertagen ein großes Vorbild: Ich war ein großer Fan von Pippi
Langstrumpf – und das bin ich noch immer. Pippi ist stark und fröhlich. Sie handelt selbstbestimmt nach ihrem eigenen Kopf. Sie ist fürsorglich, liebevoll und wertschätzend und übernimmt Verantwortung.
Pippi ordnet sich nicht unter, sondern weiß selbst, was für sie und die
Menschen in ihrem Umfeld wichtig ist. Wenn sie mit den gegebenen
Strukturen nicht zurechtkommt, schafft sie ihre eigenen. Die Idee, sich
eine eigene Welt nach eigenen Idealen und Visionen zu erschaffen,
gefällt mir. Was andere denken und von uns halten, ist am Ende des
Tages vollkommen egal, wenn wir mit uns selbst im Reinen sind und
zu unseren Handlungen stehen können. Ich möchte dich einladen,
deine Pippi rauszulassen und dir deine Villa Kunterbunt im Sonnenschein zu erträumen.

Keine andere Sache hilft beim Erreichen von Zielen und beim Erschaffen der eigenen Welt besser als Visualisierung. Im Spitzensport kennt
und nutzt man diese Technik schon lange. Wer seine Wünsche, Träume und Ziele immer vor Augen hat, wird daran stetig erinnert, behält
das große Ganze im Auge und verzettelt sich weniger. Umso klarer
das Bild deiner Bedürfnisse vor deinem inneren Auge ist, umso besser
siehst du deinen Weg. Ein Vision Board ist dafür ein magisches Tool,
um deine Wünsche, Sehnsüchte und Träume nicht nur zu visualisie-
ren, sondern sie auch zu manifestieren. Es entsteht, indem du deine
Träume, Ziele und Visionen mithilfe von Bildern, Zitaten, Illustrationen, Fotos und Texten als Collage zusammenführst. So zeichnest du
ein klares Bild deiner Vision, du weißt unterbewusst schon, was deine
nächsten Schritte sind und handelst auch entsprechend. Dadurch haben Zweifel und Ängste weniger Macht und du ziehst Ereignisse, Momente und Menschen in dein Leben, die dich auf deinem Weg unterstützen können.

Vision Board

SCHRITT 1:

Ideen sammeln

Nimm dir zuallererst ein großes Blatt Papier und schreibe alles auf, was dir in den Sinn kommt. Zu Beginn geht es darum, Ideen zu sammeln. Vergleichbar ist das mit einem Brainstorming, bei dem du dir erst einmal bewusst wirst, welche Ziele und Träume du hast und verfolgen willst – und zwar kurzfristig, mittelfristig, langfristig. Setze dir dabei keine Grenzen, sei mutig, frech und unverschämt. Schreibe alles auf, was dein Herz höher schlagen lässt. Ignoriere deine innere Stimme, die dir vielleicht einflüstern möchte: Das ist unmöglich, das schaffst du nicht. Lasse deinen Gedanken freien Lauf. Um etwas Struktur reinzubringen, könntest du deine Wünsche in verschiedene Lebensbereiche sortieren, strukturieren und priorisieren: Beruf & Finanzen, Liebe & Partnerschaft, Familie & Freundschaft, Körper & Gesundheit, Wohnsituation & Wohnort, Urlaub & Abenteuer, Sinn & Spiritualität. Die Kernfragen dabei: Was ist dir wirklich wichtig? Was willst du erreichen? Das dürfen berufliche, können aber auch ganz persönliche Ziele und Wünsche sein.

Am besten du unterteilst die großen Fragen in kleinere Teilbereiche:

- ⊙ Welche Fähigkeiten möchtest du noch erlernen?
- ⊙ Wie möchtest du deine Beziehung führen, wie schaut deine Familienplanung aus?
- ⊙ Was möchtest du bis 30, 40, 50, 60 geschafft haben?
- ⊙ Welche Länder und Städte möchtest du bereisen?
- ⊙ Welche körperlichen und gesundheitlichen Ziele hast du?
- ⊙ Welche Hobbys möchtest du pflegen und ausbauen?

Vision Board erschaffen

Noch hast du viele Puzzleteile, die jetzt nach und nach zu einem Ganzen zusammengebaut werden möchten. Deshalb geht es im zweiten Schritt um die Umsetzung und Visualisierung deiner Vision – in Stichworten, Merksätzen, Sinnsprüchen oder Skizzen und vor allem Bildern oder Fotos. Lasse deiner Kreativität freien Lauf. Entscheidend ist, dass du deine Visionen mit den Bildern so klar formulierst, dass sie dich jetzt und später inspirieren. Bewährt hat sich dafür beispielsweise die sogenannte **SMART-Methode.** Sie wurde schon im Jahr 1956 entwickelt und ist ein Akronym. Es steht für:

S Spezifisch: Visionen sollen so genau wie möglich beschrieben werden.

M Messbar: Orientiere dich dabei an messbaren Fakten.

A Attraktiv: Plane so, dass du auch Lust hast, es umzusetzen.

R Realistisch: Was du dir vornimmst, muss natürlich auch machbar sein.

T Termingerecht: Das bedeutet, die Aufgaben zeitlich bindend zu planen. Also etwa: Bis Ende des Jahres will ich mir mehr Zeit für mich selbst nehmen.

Wenn du alle Bilder, Texte, Skizzen etc beisammen hast, ordne sie nach den Lebensbereichen an. Dann hast du gleich eine Struktur und die Gestaltung deines Vision Board fällt dir leichter. Jetzt musst du dich entscheiden: Gestaltest du ein analoges oder digitales Vision Board? Druckst du alles aus oder gestaltest du es am Computer?

Vision Board gestalten

Wie du Bilder, Stichworte oder Textausschnitte anordnest – Hochformat oder Querformat – bleibt alles dir überlassen. Entscheidend ist aber, dass du das Gesamtkunstwerk anschließend an einer möglichst prominenten Stelle aufhängst, an der du täglich vorbeikommst, etwa über dem Schreibtisch, auf der Kühlschranktür oder im Flur. Falls du dein Vision Board nicht ohnehin am Computer erstellt hast, fotografiere es und richte es als Bildschirmhintergrund am Handy oder am Laptop ein. Du musst es so oft wie möglich sehen können.

Michael Strasser

EXTREMSPORTLER, WELTREKORDHALTER, TRIATHLET

„Meine aktuelle Challenge? Ich versuche, mit mir selbst glücklich zu sein." – Seine Laufbahn als Leistungssportler begann der studierte Architekt als Triathlet, aber größere Bekanntheit erreichte der Extremsportler als Langstreckenradfahrer.

Wer in 36 Tagen von Kairo nach Kapstadt radelt und in 84 Tagen und 12 Stunden von Alaska noch Patagonien, hat klare Visionen, muss Energie ohne Ende haben, aber auch sich selbst und seine eigenen Ressourcen bis ins kleinste Detail kennen. Woher nimmt Michael Strasser diese Kraft, wie regeneriert er und wie geht er mit Rückschlägen um? Michael Strasser lebt seinen Traum. „Ich sehe es als riesengroßes Privileg, diese Expeditionen machen zu dürfen. Ich lebe nicht für den Sport. Sport ist mein Leben", sagt er verschmitzt lächelnd bei einem Glas Wasser auf meiner Wohnzimmercouch. Keine Über-

raschung: Michi ist schnell vorbeigeradelt. Überhaupt legt er fast alle Wege per Rad zurück, „was bei Geschäftsterminen manchmal recht unterhaltsam ist, wenn alle anderen im feinen Zwirn dasitzen".

Seine beiden Weltrekorde ist er ganz unterschiedlich „angegangen": „Meine Afrika-Tour ‚Cairo2Cape' war eine spontane Idee vor einem Zeitungsinterview nach meiner Russland-Durchquerung. Und wenn es in der Zeitung steht, dann mache ich es auch." Und wie er es gemacht hat! Er ist als Weltrekordhalter zurückgekehrt. Was folgte, war große öffentliche Bekanntheit und der Wunsch, ein noch größeres Projekt zu starten. Den amerikanischen Kontinent zu durchqueren, ebenfalls auf einem Rennrad: „Ice2Ice". „Das war noch einmal eine ganz andere Geschichte mit langer Vorbereitung."

Aber er holt sich auch diesen ungaublichen Weltrekord, durchquert dabei zwei Kontinente und 14 Länder, überwindet 185.000 Höhenmeter und 23.000 Kilometer. Sein Gegner war vor allem er selbst.

Ob er auf so einer gewaltigen Tour Glücksmomente erlebe, möchte ich von ihm wissen. „Natürlich – zum Beispiel diesen: In Guatemala hat meine Freundin Kerstin, die als Begleiterin mit war, Kindern Fahrradketten geölt und Luft in die Reifen gepumpt. Die Blicke, die man da erntet, nimmt man mit. Das gibt Kraft."

Und das Gefühl am Ziel? „Unbeschreiblich", grinst er. Schon nach zwei Wochen Urlaub hatte er wieder erste Ideen, was er sich als Nächstes vornehmen könnte.

Nach diesem gewaltigen Weltrekord zu regenerieren, hat fast ein Jahr gedauert. Um Kraft zu tanken, praktiziert Michi progressive Musikentspannung nach Jacobsen oder duscht kalt, um sich zu aktivieren, und warm, um müde zu werden. „Keep it simple" ist die Devise. Seine Batterien lädt er in den Bergen auf. In entlegenen Gebieten, fühlt er sich am wohlsten. „Wenn man sich da einfach nur hinsetzt, bekommt man ein Gefühl dafür, wie klein und unwichtig man selbst ist."

Wenn Michi Strasser nicht auf dem Rad sitzt, gibt er öffentliche Trainingssessions in denen bis zu 350 Teilnehmer und Teilnehmerinnen mit ihm schwitzen. Begonnen hat er damit,

um sich selbst zum Stabilisationstraining zu motivieren, jetzt motiviert er damit nicht nur andere, sondern sammelt dabei auch Geld für „Race4Charity". Die gesammelten Spenden, auch die seines Projektes „Ice2Ice", kommen Organisationen zugute, die Betroffene der Krankheiten ALS (Amyotrophe Lateralsklerose) und ME/CFS (Myagische Enzephalomyelitis/Chronisches Fatigue-Syndrom) unterstützen und die notwendige Forschung vorantreiben. Michis ehemalige Mitbewohnerin Sarah ist an ALS erkrankt und mittlerweile verstorben. „Das hat mir noch einmal vor Augen geführt, was für ein Glück es ist, einen gesunden, belastbaren Körper zu haben."

Was er als Nächstes probiert? Michael Strasser sammelt seine Projektideen in einem Ideenbuch. „Das ist voll mit verrückten Abenteuern, aber die Frage ist, ob ich danach glücklicher oder zufriedener wäre", sagt er. „Vielleicht setze ich in Zukunft kleinere Geschichten um, die mir aber genauso viel bedeuten. Kerstin und ich gründen eine Familie. Vielleicht ist das meine nächste Herausforderung. Ein Leben mit zwei Kindern, das stelle ich mir auch sehr schön vor."

> »Es ist ein großes Glück, einen gesunden, belastbaren Körper zu haben.«

8 Wege zu mehr Energie

Es gibt Tage, an denen wir Bäume ausreißen könnten, und andere, an denen wir uns ausgelaugt fühlen. Unser Energielevel ist nicht nur eine Frage der Kraftreserven, sondern auch eine Frage der Einstellung und Einteilung. Ich möchte dir zeigen, wie und wo du im Alltag mehr Kraft tanken kannst, um mit einem strahlenden Lächeln durchs Leben zu gehen.

»

Energie fließt dorthin, wo du deine Aufmerksamkeit hinlenkst, sage ‚Ja' und lass dein Leben sich entfalten.

«

PATANJALI

WAS IST ENERGIE?

Physiker haben auf diese Frage eine klare Antwort: „Alles ist Energie." Energie ist aber nicht nur eine der zentralen Größen der Physik und kann in den verschiedensten Formen existieren, sie ist auch notwendig für unser tägliches Leben.

Der Begriff Energie kommt aus dem Griechischen und bedeutet so viel wie „wirkende Kraft". Anschaulich ausgedrückt ist Energie die Fähigkeit, Arbeit zu verrichten, Wärme abzugeben oder Licht auszustrahlen. Sie ist also nötig, damit etwas in Bewegung gesetzt, beschleunigt, hochgehoben, erwärmt oder beleuchtet werden kann. Und Energie ist lebensnotwendig, da sie für alle natürlichen Vorgänge gebraucht wird. Kurz gesagt ist Energie der Treibstoff für unser Leben, für Pflanzen, Tiere, Smartphones, Glühbirnen und auch für den menschlichen Körper. Jede menschliche Aktivität wie Gehen, Stehen, Sprechen, Essen, Denken und Verdauen erfordert Energie. Für jede Ebene unserer Existenz brauchen wir Energie, für unseren Körper, unseren Geist, unsere Gefühle, unsere Spiritualität und unsere Kreativität. Je besser jede dieser Ebenen funktionieren soll, umso mehr Energie brauchen wir. Doch meistens halten wir kaum inne, um uns die komplexen Zusammenhänge klarzumachen. Solang du ein hohes Energielevel hast, bist du in Bewegung und schwingst. Je mehr Energie du verspürst, desto eher blühst du auf und entwickelst dich weiter. Sind deine Energiereserven aber aufgebraucht, kommst du zum Stillstand, du wirst schwächer und ausgelaugter. Auch ich habe jahrelang Raubbau an meinen Energiereserven betrieben, bin von Termin zu Termin gehetzt, habe versucht, Job und Familie unter den Hut zu bekommen, und mir keine Zeit für Pausen oder mich selbst genommen.

Was unternehmen wir nicht alles, um uns selbst zu optimieren? Wir laufen ins Fitnessstudio, büffeln für Prüfungen, absolvieren therapeutische Sitzungen und Seminare, experimentieren mit unserer Ernäh-

Unsere Energie ist begrenzt – wir sollten sie sorgsam einteilen.

rung. Wir basteln nonstop an unserem Körper herum und vergessen dabei etwas ganz Wesentliches: unsere Energie sorgsam einzuteilen, denn sie ist begrenzt. Paradoxerweise scheitern die meisten Versuche der Selbstoptimierung, weil uns die Energie dafür fehlt. Je größer die Veränderung sein soll, desto mehr Energie bräuchten wir eigentlich. Du möchtest im Job weiterkommen, jeden Tag an deiner Fitness arbeiten, deine Ernährung umstellen – all das erfordert ein hohes Maß an Durchhaltevermögen und Hartnäckigkeit. Sind die Akkus leer, klagst du wahrscheinlich über das Gegenteil. Du kommst nicht weiter. Du steckst fest. Du kannst einfach nicht dranbleiben. Deine negativen Denkmuster, das Gefühl, in einem Hamsterrad zu stecken, hängen mit deinem niedrigen Energielevel zusammen. Dabei benötigst du deine Energie – und zwar nicht nur für die großen Highlights, sondern um Tag für Tag gesund und positiv durchs Leben gehen zu können.

ENERGIERÄUBER ERKENNEN

Jeder von uns kennt Menschen, Aktivitäten und Gedanken, die uns unglaublich viel Energie geben. In ihrem Windschatten fühlen wir uns stark und inspiriert. Aber genauso verbringen wir sehr viel Zeit in Situationen, die uns unsere Energie rauben. Sie lauern überall. Ob es nun anstrengende Menschen sind, die dir deine Lebensfreude und Kraft geradezu absaugen, die Steuererklärung, die du schon seit drei Monaten vor dir herschiebst, oder der permanente Zeitdruck. Übrig bleiben wir: völlig entnervt, mit Kopfschmerzen, müde, ausgelaugt, energielos. Damit das in Zukunft weniger oft passiert, könntest du versuchen, deine speziellen Energieräuber zu identifizieren.

Energieräuber 1: Anstrengende Menschen

Ja, es gibt sie: Menschen, die uns mehr Energie nehmen als geben. Sie vereinnahmen dich komplett, sprechen meist nur von sich selbst, lassen dich kaum zu Wort kommen. Und es fällt ihnen nicht mal auf. Sie sind ständig am Nörgeln oder Jammern und benutzen dich als Mülleimer für ihre Ängste und Sorgen. Diese menschlichen Energieräuber verfügen selbst über wenig bis keine Empathie, erkennen aber sehr gut, wie sie deine Energie anzapfen können. Der Freund, der es seit Monaten nicht schafft, sich von seiner Freundin zu trennen, die ihm einfach nicht guttut. Die Kollegin, die jedes Problem immer und immer wieder durchkauen will. Diese Menschen einfach aus deinem

Leben zu streichen und ihnen aus dem Weg zu gehen, wäre die einfachste Lösung, nur liegt dir wahrscheinlich etwas an ihnen, was das Ganze schwierig macht. Aber du kannst deinen Umgang mit diesen Menschen ändern. Ein paar Möglichkeiten dazu habe ich für dich ab S. 112 zusammengefasst.

 ### Energieräuber 2: Schlechter Schlaf

Ein Klassiker! Wer zu wenig schläft, hat auch zu wenig Energie. Unser Körper braucht ausreichend Schlaf um zu regenerieren. Folgen von Schlafmangel sind Überanstrengung, Frustration, fehlende Ausdauer, ein erhöhter Stresspegel, wir denken langsamer und sind anfälliger für Infekte. Haben wir einen „gesunden Schlaf", wird unser Immunsystem nachhaltig gestärkt und unser Körper wird resistenter gegen Infektionskrankheiten, gegen alltäglichen Stress und jegliche Art von physischer und psychischer Belastung. Warum? Weil wir bewusste und unbewusste emotionale und psychische Konflikte nämlich durch eine gesunde Portion Schlaf verarbeiten. Dabei gilt: Nicht zu wenig schlafen, aber auch nicht zu viel. Vielleicht kennst du das ja auch: Du bist besonders früh schlafen gegangen, konntest am nächsten Tag ausschlafen und trotzdem fühlst du dich gerädert und immer noch müde.

 ### Energieräuber 3: Stress und Zeitdruck

Jetzt noch schnell diese Sache und dann muss ich noch das erledigen. Stress und Zeitdruck – diese beiden Übeltäter sind allgegenwärtig, gerade wenn wir dauerhaft überlastet sind und auf mehreren Hochzeiten gleichzeitig tanzen. Statt eine Aufgabe nach der anderen hast du Multitasking für dich zum Normalzustand gemacht, du bist für Freunde und Familie da, versuchst Termine einzuhalten und für deine Hobbys sollte auch noch Zeit bleiben. Von Tag zu Tag nimmt dein Energielevel ab, du hast ständig Angst, irgendetwas zu vergessen, und am Ende der Woche hast du das Gefühl, dass deine Ressourcen komplett aufgebraucht sind.

 ### Energieräuber 4: Verschieben

Tja, das Dilemma mit schweren Entscheidungen und To-do-Listen! Letztere sind einerseits praktisch und nehmen uns die Sorge ab, etwas Wichtiges zu vergessen. Andererseits stehen da auch lästige Dinge drauf, wie einen Termin beim Zahnarzt auszumachen oder die Steuerunterlagen endlich zu sortieren. Nur weder der Anruf beim Zahnarzt noch das Abarbeiten des Rechnungsberges wird angenehmer, wenn

Für jede Ebene unserer Existenz brauchen wir Energie, für unseren Körper, unseren Geist, unsere Gefühle unsere Spiritualität und unsere Kreativität.

du diese Dinge vor dir herschiebst. Im Gegenteil – das ständige Aufschieben macht dir nur Stress, Druck und ein schlechtes Gewissen. Genauso liegen uns schwere Entscheidungen oft tagelang im Magen und rauben uns den Schlaf. Aber: „Aufgeschoben ist nun mal nicht aufgehoben." Die Last auf unseren Schultern wird nicht geringer, solang wir uns nicht zu Entscheidungen durchringen.

 ### Energieräuber 5: Signale des Körpers ignorieren

Unser Körper ist ein Wunderwerk und er sagt uns ganz genau, was ihm guttut und was nicht. Du hast ständig Verspannungen und Rückenschmerzen? Deine Haut ist trocken oder gereizt? Vielleicht hast du die Signale deines Körpers immer und immer wieder überhört. Deshalb meldet er sich lauter und lauter zu Wort. Dir steht entweder weniger Energie zur Verfügung oder du musst mehr Energie aufbringen, um dich wieder gesund zu fühlen.

 ### Energieräuber 6: Falsche Ernährung

Es fängt gleich morgens an. Als schnelles Frühstück isst du weißes Gebäck mit (zu) süßem Fruchtaufstrich oder eine große Portion Cerealien, schließlich muss es schnell gehen. Nur statt energetischer zu werden, könntest du dich gleich wieder hinlegen. Mittags geht es weiter. Du greifst zu einem schnellen Snack wie Pizza, Nudeln oder Fast Food. Statt in deiner Pause Kraft für den Nachmittag zu tanken, fühlst du dich müde und träge. Wir wissen es alle: Fettes und schwer verdauliches Essen ist ein echter Energiedieb. Genauso raubt es uns Energie, wenn wir zu viel oder zu wenig essen.

Fettes und schwer verdauliches Essen ist ein echter Energiedieb.

 ### Energieräuber 7: Perfektionismus

Nicht immer sind es die anderen, die uns unsere Energie rauben. Die ständig etwas von uns wollen, die an uns herumnörgeln, die nerven. Auch wir selbst, vor allem unsere Ansprüche an uns selbst, rauben uns Energie. Liebe Working Mums, liebe Wochenendarbeiter und Fitnessjunkies, es gibt Studien, die besagen, dass uns die letzten 20 Prozent unseres Arbeitspensums 80 Prozent unserer dafür reservierten Zeit kosten. Wären 80 Prozent „Erfüllung" nicht auch genug, und fallen die letzten 20 Prozent überhaupt ins Gewicht? Übertriebener Perfektionismus kostet uns nicht nur Kraft, sondern frisst auch unser Glück und unsere Zufriedenheit.

Energieräuber 8: Zu wenig Bewegung

Zu wenig Bewegung macht krank, diese Weisheit kennen wir alle. Und auch den Spruch: Wer rastet, der rostet. – Fehlende Bewegung führt nicht nur zu Übergewicht, sondern auch zu Bluthochdruck, Diabetes, Herzkrankheiten, Allergien, Alzheimer, Osteoporose und Bandscheibenvorfällen. Ist die Liste lang genug?

 Energieräuber 9: Langeweile & Social Media

Jeder Tag ist gleich, immer nur Routine, nie tut sich etwas. Auch Langeweile ist ein Energieräuber. Leben wir unseren erprobten und gelernten Alltag vor uns hin, verzichten auf Bewegung, freudige Erlebnisse und Genuss, entzieht uns das „Rumhängen" auf Dauer Energie und Lebensfreude. Gerade in Phasen, in denen wir wenig zu tun haben, in denen wir uns langweilen, schielen wir auf das doch so ereignisreiche und perfekte Leben der anderen und verbringen viel zu viel Zeit am Computer, am Laptop und am Handy. Die übermäßige Nutzung unserer Smartphones kann zwanghaft werden und das ständige Vergleichen in den sozialen Medien erzeugt negative Gefühle und wirkt sich auf unsere mentale Gesundheit aus.

 Energieräuber 10: Von allem zu viel

Der Kleiderschrank quillt über, im Vorratsschrank stehen Lebensmittel für eine Kompanie, das Kellerabteil kann man kaum noch betreten. Diese Unordnung und das schlechte Gewissen, endlich mal entrümpeln zu müssen, belastet uns. Chaos und schlechte Organisation sind wahre Energiekiller. Und nicht nur der materielle Ballast raubt Energie, auch emotionaler Müll macht uns schwer zu schaffen. Und schlecht strukturierte Abläufe im Alltag, sei es im Job oder im Privatleben, zehren an den Energiereserven.

»Verbanne Energieräuber aus deinem Leben!«

ENERGIEQUELLEN ERFORSCHEN

Einer der bekanntesten Yogalehrer, Iyengar, hat einmal gesagt: „Yoga ist ein Weg, das Unkraut zu entfernen, damit der Garten wachsen kann." Mir haben Yoga und Meditation dabei geholfen, zur Ruhe zu kommen, meine Energieräuber zu erkennen und neue Energie zu tanken. Auch wenn du vielleicht gar nichts damit am Hut hast – lass uns diese ganz simple Übung einfach mal ausprobieren.

ÜBUNG

Der reinigende Atem

Setze dich im Schneidersitz auf den Boden, lege die Hände auf deine Knie und schließe deine Augen. Atme tief durch die Nase ein, halte den Atem kurz, dann öffne deine Lippen und atme kraftvoll durch den Mund aus. Wiederhole diese reinigenden Atemzüge noch mindestens zwei Mal.

Diese Atemmeditation dauert nicht mal eine Minute und trotzdem spürst du sofort, dass der Kopf klarer wird, dass du negative Energie und Stress ausatmest und sich Ruhe und Gelassenheit breit machen. In der östlichen Philosophie heißt es, jeder Atemzug schenke uns Prana, neue Lebensenergie. Prana ist in allem Lebendigen zu finden. Prana spürst du, wenn du merkst, dass jemand hinter dir steht, ohne dass du ihn mit deinen fünf Sinnen wahrgenommen hast. Prana ist auch die tolle Atmosphäre auf einer Party oder das Charisma, das manche Menschen ausstrahlen. Menschen mit einem ausgeprägten Prana wirken besonders anziehend – vor allem auf Menschen mit einem nicht so ausgeprägtem Prana. Auch die unmittelbare Sympathie zwischen wildfremden Menschen erklärt sich durch Prana.

**Was können wir tun, um Prana, also unsere Lebensenergie, zu er-
höhen? Und woher kommt sie überhaupt? Es heißt, es gibt fünf
Quellen, über die wir Prana aufnehmen können:**

- ⊙ Erde – oder auch unsere Nahrung
- ⊙ Wasser – oder auch unsere Flüssigkeitszufuhr
- ⊙ Feuer – oder das Tageslicht
- ⊙ Luft – oder unser Atem
- ⊙ Äther – oder die Kraft, die wir von anderen Menschen oder
  von Kraftorten bekommen

Leben wir unser Leben einfach, gesund und achtsam, dann gehen wir
mit unseren Ressourcen sorgfältig um. Wir kennen unser Energielevel,
legen Pausen ein, wenn wir sie brauchen, und verteilen unser Prana
ausgewogen. Haben wir diese Balance verloren, fühlen wir uns ausgelaugt und krank. Unser Körper sagt uns ganz klar: Jetzt musst du
dich mal um mich kümmern.

**Fünf Energiequellen sind es also in der yogischen Philosophie, die
uns zu mehr Lebensfreude verhelfen können. Die moderne Welt
hat unseren Lebensstil verändert, deshalb möchte ich diese Liste
für unsere heutige Zeit ergänzen. Energiequellen sind für mich:**

- ⊙ Licht
- ⊙ Luft
- ⊙ Ruhe
- ⊙ Ernährung
- ⊙ Bewegung
- ⊙ Intuition
- ⊙ Liebe & Gemeinschaft
- ⊙ Sinn

Gehen wir die Liste gemeinsam Punkt für Punkt durch. Lass dich inspirieren, entdecke Möglichkeiten, neue Kraftquellen aufzutun und
bring deine innere Sonne zum Strahlen!

ENERGIEQUELLE LICHT

**Dass Sonnenlicht glücklich macht, ist kein Geheimnis.
Nach einem langen, dunklen Winter fiebern wir Jahr für Jahr
dem Sommer entgegen.**

Licht beeinflusst nicht nur unser Wohlbefinden, es ist lebenswichtig und ermöglicht weit mehr als nur gutes Sehen. Es wirkt sich auf die Körperzellen, die Hormonbildung und unsere Leistungsfähigkeit aus. Eine besondere Rolle spielt das Sonnenlicht im Tagesverlauf.

Vitamin D

Nur wenn wir unseren Körper ausreichend mit Sonnenlicht versorgen, kann er das wichtige Vitamin D bilden. Ein kleiner Teil dieses fettlöslichen Vitamins kann über die Nahrung aufgenommen werden, die restlichen 80 bis 90 Prozent stellt unser Körper selbst her, wenn er genug Sonnenlicht abbekommt. Warum ist Vitamin D so wichtig? Nun, wir benötigen es zur Aufnahme von Kalzium. Kalzium brauchen wir für die Knochenbildung. Tanken wir zu wenig Sonnenlicht, führt das zu einem Vitamin-D-Mangel, der wiederum im schlimmsten Fall zu Knochenschwund, also Osteoporose, oder – bei kleinen Kindern – Knochenerweichung, Rachitis, verursachen kann. Unsere Vitamin-D-Depots zu füllen ist eigentlich gar nicht besonders schwer. 20 bis 30 Minuten Sonnenlicht pro Tag reichen schon aus.

Jede Minute unter freiem Himmel, und ist der noch so grau, ist hilfreich, um Licht zu tanken.

Schlaf-Wach-Rhythmus

Licht kontrolliert unseren Schlaf-Wach-Rhythmus und steuert unsere innere Uhr. Verantwortlich dafür ist die Zirbeldrüse, die bei Dunkelheit das Schlafhormon Melatonin ausschüttet. Helles Licht verhindert die Melatonin-Produktion und sorgt dafür, dass wir tagsüber wach bleiben. In der dunklen Jahreszeit schüttet unser Körper länger Melatonin aus, deshalb sind wir tagsüber öfter müde.

Licht beugt Herz-Kreislauf-Erkrankungen vor

Britische Wissenschaftler haben in einer Studie an der Universität Edinburgh herausgefunden, dass Sonnenstrahlen die Bildung von Stickstoffdioxid anregen, so eine Erweiterung der Blutgefäße begünstigen und Bluthochdruck mindern. Mit dem niedrigeren Blutdruck re-

duziert sich das Risiko eines Herzinfarkts oder eines Schlaganfalls. Im Winter ist bei den meisten Menschen der Blutdruck höher und somit auch ihr Risiko für Herz-Kreislauf-Probleme – ein weiteres Argument dafür, das Haus trotz Kälte und Nässe auch in der dunklen Jahreszeit zu verlassen, um Tageslicht zur tanken.

Licht macht gute Laune

Wie intensiv sich Licht auf unsere Laune auswirkt, wissen wir alle aus eigener Erfahrung. Ist es tagelang bewölkt, regnerisch und kalt, sinkt unsere Laune in den Keller. Wachen wir morgens auf, der Himmel ist blau und die Sonne lacht, steigt auch unsere Laune. Während Dunkelheit die Melatonin-Produktion begünstigt, führt Tageslicht zur Ausschüttung von Serotonin. Hohe Mengen des Hormons steigern unser körperliches Wohlbefinden. Und ja, es macht Sinn, im Sommer Sonne zu tanken, um ausreichend Reserven für die Wintermonate zu haben.

TIPP

Geh zu Fuß!

Um deine tägliche Dosis Tageslicht zu tanken, reichen etwa 20 bis 30 Minuten. Jede Minute unter freiem Himmel, und ist der auch noch so grau, ist hilfreich, um Licht zu tanken. Du könntest es dir angewöhnen, kurze Wege zu Fuß zurückzulegen. Steige auf dem Weg in die Arbeit eine Station früher aus oder parke weiter weg, so kommst du ohne zusätzlichen Aufwand auf deine gesunde Ration Licht.

ENERGIEQUELLE LUFT

Ein Mensch kann wochenlang auf Nahrung und drei Tage auf Flüssigkeit verzichten. Ohne Luft überlebt er nur wenige Minuten. Etwa 15 Mal in der Minute atmet ein gesunder Erwachsener im Durchschnitt – das macht 20.000 Atemzüge pro Tag bzw. 7 Millionen pro Jahr.

Ohne Atmung kein Leben – so einfach ist die Rechnung. Unser ganzes Leben ist bestimmt vom Atem: Wir werden geboren und atmen ein, wir sterben und atmen aus. Der erste und der letzte Akt unseres Lebens ist der Atem, und doch nehmen wir unsere Fähigkeit zu atmen als selbstverständlich hin und schenken ihr kaum Beachtung. Dabei kann nur ein wenig Achtsamkeit in punkto Atmung zu zahlreichen gesundheitlichen Vorzügen führen. Die richtige Atmung beruhigt nicht nur den Geist, sie stärkt auch das Herz-Kreislauf-System und hat viele weitere positive Effekte für die Gesundheit.

Die meisten Menschen haben sich eine falsche Atmung angewöhnt. Sie atmen zu flach und kurz, heben und senken dabei nur den Brustkorb. Bei der sogenannten Brustatmung nehmen wir aber zu wenig frische Luft auf und es gelangt zu wenig Sauerstoff ins Blut. Das hat Auswirkungen auf den gesamten Körper. Mangelnde Sauerstoffversorgung der Organe kann Konzentrationsschwäche, Kopfschmerzen, Magen-Darm-Beschwerden und Müdigkeit verursachen.
Woran liegt es, dass wir nicht tief genug atmen? Nun, einerseits spielen Stress und Ängste eine große Rolle. Unter Anspannung verändert sich die Atemfrequenz, um uns flucht- und kampfbereit zu machen. Andererseits verhindern enge Kleidung, eine verkrampfte Körperhaltung und das Schönheitsideal eines flachen Bauches eine gesunde Bauchatmung. Dabei funktioniert sie ganz einfach: Beim Einatmen schiebt sich das Zwerchfell – unser wichtigster Atemmuskel – in den Bauchraum. Der Bauch wölbt sich nach außen, Sauerstoff strömt bis in die Leistengegend. Einfache Atemübungen können uns helfen diese gesunde, energiespendende, tiefe Atmung zu üben.

ÜBUNG

4 Mal atmen

Effektive Zwerchfellatmung

Um tief in den Bauch atmen zu können, brauchst du dein Zwerchfell, einen flachen Muskel zwischen Bauch und der Brusthöhle, den du mit der folgenden Übung trainieren kannst: Lege dich auf den Boden, die Beine sind hüftbreit ausgestreckt. Lege eine Hand auf den Brustkorb und die andere auf den Bauch. Spanne deine Bauchmuskeln an und atme langsam ein. Beim Ausatmen lässt du die Luft durch eine kleine Lücke zwischen deinen aufeinanderliegenden Lippen fließen. Zähle während des Einatmens bis vier, während des Ausatmens langsam bis sechs. Mit deinen Händen spürst du, dass sich beim Atmen dein Bauch bewegt – der Brustkorb jedoch kaum. Die Muskulatur entspannt sich im Laufe der Übung.

Duftatmung

Um die Durchblutung deines Gehirns zu verbessern, kannst du folgende Atemübung versuchen: Fasse mit Daumen und Zeigefinger einer Hand an deine Nasenwurzel und streiche mehrmals fest von der Nasenwurzel bis zur Nasenspitze. Nimm deine Hand von der Nase und atme tief ein, so als ob du einen köstlichen Duft schnuppern würdest. Dabei spürst du, wie dein Atem sanft durch die Nase ein- und ausströmt. Diese Übung kannst du zehn Mal wiederholen.

Der Löwe

Diese Übung stammt aus der Yogapraxis. Sie hilft Spannungen abzubauen und sorgt für einen klaren Kopf. Setze dich in den Fersensitz und lege deine Hände auf den Oberschenkeln ab. Atme tief ein und beim Ausatmen brüllst du wie ein Löwe, spreizt die Finger, streckst deine Zunge raus und richtest dabei deine Augen auf den Punkt zwischen deinen Augenbrauen. Du schielst also. Sieht lustig aus und macht gute Laune! Tipp: Erst mal allein vor dem Spiegel ausprobieren!

Kleine Atempause

Diese Atemübung kannst du immer und überall machen, wenn gerade keiner hinsieht. Setze dich aufrecht auf einen Stuhl und drücke deinen Oberkörper gegen die Lehne. Während du einatmest, hebst du deine Arme über die Seite in die Höhe. Beim Senken der Arme atmest du langsam und konstant aus. Warte die Atempause ab und beginne, sobald du den Impuls zum Einatmen verspürst, wieder von vorn.

ENERGIEQUELLE RUHE

Albert Einstein, Charles Darwin und Thomas Mann sind drei beeindruckende Männer, die in ihren Bereichen Großartiges geleistet haben. Diese drei Männer haben eines gemeinsam: Sie kannten und nutzten die Kunst, Pausen zu machen. Alle drei haben nicht mehr als vier bis sechs Stunden täglich gearbeitet. Erstaunlich oder?

Sich selbst Pausen und Ruhe zu gönnen, sollte eigentlich selbstverständlich sein. Aktivität verbraucht Energie, und um Energie aufzubauen, brauchen wir Regeneration durch Pausen und Ruhe. Streichen wir die Pausen, um mehr zu „schaffen", leisten wir vielleicht kurzfristig etwas mehr, langfristig geht aber unsere Energie verloren und wir müssen uns mühsam unsere Balance zurückerobern. In unserer heutigen Zeit leiden fast gleich viele Menschen an mangelnder Bewegung wie an mangelnder Ruhe. Wir sind ständig vernetzt und von früh bis spät online, Dauerbeschallung inklusive. Oft erkennen wir in Zeiten der totalen Hektik nicht einmal mehr die Warnsignale des eigenen Körpers, um rechtzeitig einen Gang runterschalten zu können. Sich Pausen zu setzen und einfach einmal nichts zu tun, muss für viele erst wieder neu erlernt werden. Und dabei reicht es nicht aus, kurzzeitig den Stift niederzulegen oder sich auf einer Parkbank eine persönliche, kleine Auszeit zu gönnen.

Stress ist ursprünglich als nützliche Reaktion unseres Körpers gedacht gewesen. Die Ausschüttung von Stresshormonen ist tief in unseren evolutionären Wurzeln zu finden, als dieser Vorgang noch eine nütz-

»Auch die Pause gehört zur Musik.« STEFAN ZWEIG

liche und sinnvolle Fluchtreaktion ausgelöst hat, etwa vor wilden Tieren. In der heutigen Zeit muss man aus diesem Grund kaum noch flüchten, stattdessen entsteht Stress aufgrund anderer Ursachen. Wir ärgern uns in der Arbeit über Kollegen oder die Chefin, wir streiten in der Partnerschaft und Familie. Das Problem ist, dass auf die Ausschüttung der Stresshormone in den seltensten Fällen die nötige körperliche Aktivität folgt, um diese Hormone rasch wieder abbauen zu können. Wird das zum Dauerzustand, kann es zu Bluthochdruck führen, den Stoffwechsel stören oder das Herz belasten. Es ist wichtig, das sympathische System in Stressphasen herunterzuregeln und gleichzeitig das parasympathische Nervensystem durch Ruhe- und Entspannungszeiten zu aktivieren. Ausreichend Schlaf und schon fünf bis zehn Minuten bewusste Entspannung pro Tag können ausreichend sein. Unser Körper kann durch diese Ruhe- und Erholungsphasen wieder mehr Energie aufbauen. Gut gewappnet gegen Stress sind all jene Menschen, die sich regelmäßig körperlich entspannen, gedanklich abschalten können und vor allem achtsam mit ihren eigenen Bedürfnisse umgehen. Und all diese Fähigkeiten, darin ist sich die Stressforschung einig, lassen sich systematisch einüben und intensivieren.

> Ausreichend Schlaf und fünf bis zehn Minuten bewusste Entspannung pro Tag können den Körper mit neuer Energie füllen.

SCHLAF

Ausreichend und gut zu schlafen ist lebensnotwendig für Körper und Geist. Der Stoffwechsel und die Abwehrkräfte erholen sich während der Nachtruhe und das Gehirn verarbeitet die Eindrücke des Tages. So trägt Schlaf zur Gesundheit und zum Wohlbefinden bei. Gesunder Schlaf hat erheblichen Einfluss darauf, sich gut konzentrieren und reagieren zu können, sich neue Dinge zu merken und Erinnerungen zu bilden. Voraussetzung ist eine gute Schlafqualität, das heißt ein individuell empfundener erholsamer Schlaf und eine individuell ausreichende Schlafdauer. Wie viel Schlaf Menschen brauchen, ist sehr unterschiedlich. Einigen reichen fünf Stunden, andere benötigen über neun Stunden pro Nacht. Die meisten erwachsenen Menschen fühlen sich nach sieben bis acht Stunden Schlaf erholt. Bei länger anhaltenden oder besonders schwerwiegenden Schlafproblemen ist auf jeden Fall ärztliche Hilfe erforderlich. Viele Schlafprobleme lassen sich aber mit vergleichsweise einfachen Mitteln behandeln. Lass mich dir ein paar davon vorschlagen.

TIPPS

Vier Tipps für einen gesunden Schlaf

Rituale pflegen

Der Mensch ist ein Gewohnheitstier – besonders wichtig beim Zubettgehen sind daher Rituale. Wer täglich zur selben Zeit aufsteht, tut seiner Schlafqualität etwas Gutes: Der Körper gewöhnt sich daran und die innere Uhr weiß, wann es Zeit ist aufzustehen. In Folge wirst du abends zur richtigen Zeit müde. Der Körper weiß, wie viel Schlaf er benötigt, und nimmt sich, soviel er braucht. Bist du ein organisierter Mensch, der gerne alles plant und im Griff hat? Dann versuche vor dem Zubettgehen noch alles zu erledigen, was dich vom Ein- und Durchschlafen abhalten könnte. Das kann das Aufräumen der Wohnung sein, die Erstellung einer To-do-Liste für den nächsten Tag, das Bereitlegen der Kleidung oder das Aufschreiben von Notizen zu Erlebnissen, Ideen, Gedanken und Plänen. So verschwindet das quälende Gefühl des „Eigentlich müsste ich noch …" oder „Ich muss morgen unbedingt daran denken, dass …" – und du kannst entspannt einschlafen. Es hilft auch, wenn du dich täglich durch gewisse Tätigkeiten auf das Schlafengehen einstimmst. Lesen, Musikhören, ein heißes Bad nehmen, einen Tee trinken – ganz egal welches Ri-

tual du einführst, auch diese Gewohnheiten entspannen und signalisieren dem Körper, dass die Nachtruhe bevorsteht.

Die richtige Umgebung

Lüfte vor dem Zubettgehen noch einmal kräftig durch. Das bringt mehr Sauerstoff und kühlere Temperaturen ins Zimmer – beides hilft beim Ein- und Durchschlafen. Experten empfehlen eine Raumtemperatur von 15 bis 17 °C. Dunkle das Zimmer so gut wie möglich ab und verbanne Lichtquellen – auch Elektronik. Das Schlafzimmer ist zum Schlafen da und nicht zum Arbeiten, Fernsehen, Essen etc. Also raus mit Fernseher, Laptop und vor allen mit dem Smartphone. Wichtig ist auch die Luftfeuchtigkeit im Zimmer. Zu trockene Raumluft (unter 45 Prozent relative Luftfeuchtigkeit) kann sich negativ auf den Schlaf auswirken. Und: Der gute Schlaf beginnt schon beim Matratzenkauf. Die Matratze sollte in Rückenlage die Form der Wirbelsäule nachbilden und diese in Seitenlage waagrecht halten.

Bewegung und Ernährung

Üppiges Essen macht zwar müde, für das Ein- und Durchschlafen ist es aber nicht hilfreich. Ich empfehle dir folgende einfache Regel: Je später du etwas isst, desto leichter sollte es sein. Zwischen Schlafengehen und der letzten Mahlzeit sollten etwa zwei bis drei Stunden liegen. Bei einem zu großen Abstand könntest du wieder Hunger bekommen – und der stört deinen Schlaf genauso wie zu schweres Essen.

Sport ist gesund und auch förderlich für den Schlaf. Allerdings solltest du auch körperliche Anstrengungen spätestens drei Stunden vor dem Zubettgehen beenden. Entspannungsübungen hingegen helfen, bewusst „runterzukommen". Mit sanftem Yoga etwa bringst du deinen Körper wieder in Balance und verbindest Bewegung mit Entspannung. Vor allem leichtes Stretching ist ein großartiges Einschlafritual. Auch Atemübungen haben beruhigende und entspannende Wirkung und sind damit der ideale Einstieg in eine gute Nacht.

Nicht lang herumwälzen: Aufstehen!

Manchmal finden wir trotz aller Tipps und Tricks nicht in den Schlaf. Sich länger als 30 bis 45 Minuten herumzuwälzen und sich dabei zu sorgen, nicht ausreichend Schlaf zu bekommen, macht einfach keinen Sinn. Es ist nicht schlimm, mal nicht oder nicht genug zu schlafen. Am nächsten Abend wirst du umso müder sein, dein Körper holt sich so viel an Erholung zurück, wie er braucht. Also raus aus den Federn und die „gewonnene" Zeit nutzen – auch nachts um drei: Erledige Aufgaben im Haushalt, wenn du dabei entspannen und alle anderen weiterschlafen können. Schnapp dir ein Buch, löse Sudokus oder male Mandalas – irgendetwas Entspannendes, bis du wieder müde wirst. Erst dann geht es zurück ins Bett. Das gilt übrigens auch für den Mehrschlaf am Wochenende: Wenn du nach dem natürlichen Wachwerden morgens weiterschlafen möchtest, dreh dich einfach um und versuche in den nächsten 30 bis 45 Minuten zu entspannen und wieder einzuschlafen – gib nicht schon nach zehn Minuten auf! Erst wenn es partout nicht klappen will, stehe auf und genieße den längeren Tag.

MEDITATION

Das Wort „Meditation" stammt aus dem Lateinischen und bedeutet so viel wie: nachdenken, nachsinnen, überlegen. Dein Geist ist dabei wach und nimmt bewusst wahr, ist allerdings in dein Inneres gerichtet und vom Außen abgewandt. In nahezu allen Religionen gibt es Techniken, die helfen sollen, Selbsterkenntnis zu gewinnen, das Bewusstsein zu erweitern und höhere Welten zu erkunden, also „Erleuchtung" zu finden. Meditation hat ohne Frage religiöse Wurzeln, kann aber auch unabhängig davon praktiziert werden. Heute mehr denn je wird Meditation als Entspannungsmethode eingesetzt und kommt auch immer öfter in Psychotherapien zum Einsatz. Im Grunde handelt es sich beim Meditieren um einfache Achtsamkeits- und Konzentrationsübungen. Ihr Ziel ist es, einen Zustand innerer Ruhe zu erreichen: Man sitzt aufrecht, aber bequem an einen ruhigen Ort und konzentriert sich auf den eigenen Atem. Gedanken nimmt man wahr, lässt sie aber nicht weiter an sich heran. Eigentlich kein großes Trara. Meditieren ist ganz einfach und unkompliziert. Und doch so effektiv.

Regelmäßiges Meditieren kann bei gesundheitlichen Problemen wie Bluthochdruck, hohem Blutzuckerspiegel, hohen Cholesterinwerten, Herzproblemen und Schmerzen helfen. Es wirkt sich positiv auf das Immunsystem aus. Versuchspersonen zeigen nach einem mehrwöchigen Meditationstraining außerdem weniger Angstzustände und depressive Symptome. Daneben verbessert es die Gehirnaktivität und wir werden stressresistenter. Meditation hilft uns, auch in schwierigen Situationen Gelassenheit zu bewahren und fördert unsere Konzentrationsfähigkeit.

Drei Meditationsübungen für Skeptiker

Vielleicht denkst du dir jetzt: „Schön und gut, aber 20 Minuten ruhig sitzen und nichts denken, das schaff ich nicht." Doch, schaffst du! Mit diesen drei einfachen Techniken könnte dir ein Einstieg in deine Meditationspraxis gelingen.

Lasse dich beim Entspannen von Sandras Lieblingsmusik begleiten. Scanne dafür den Code und du erhältst Zugang zu **Sandras Spotify-Playlist für ruhige Momente.**

ÜBUNG 1

Progressive Muskelentspannung

„Es gibt vermutlich kein allgemeineres Heilmittel als Ruhe", beschreibt der US-Physiologe Edmund Jacobson seine Methode der willentlichen Muskelentspannung, die er 1929 publizierte. Dabei werden nacheinander bestimmte Muskelgruppen angespannt. Danach versucht man, die gerade angespannte Muskelgruppe zu lockern. So werden schrittweise alle Partien des Körpers angespannt und entspannt, von den Gliedmaßen über den Rumpf bis zum Kopf. Wer aktive Muskelentspannung trainiert, steigert langfristig sein Wohlbefinden, ist weniger schmerzempfindlich und reagiert in belastenden Situationen gelassener.

SO GEHTS:

Lege dich entspannt auf den Rücken und schließe deine Augen. Atme tief durch die Nase ein und lang aus. Dann spanne dein Gesicht an, die Stirn, die Augenbrauen, die Lippen und den Unterkiefer. Alle Muskeln in deinem Gesicht sind angespannt. Atme ein und aus und löse die Anspannung. Fühle die Entspannung und genieße das Loslassen. Spüre, wie sich deine Stirn, deine Augen, deine Wangen, dein Mund und deine Nase jetzt anfühlen. Spanne nun deine Bauchmuskeln an und beobachte dabei die Spannung. Einatmen, ausatmen, dann lasse wieder locker. Gönne dir die Zeit, damit sich die Muskeln noch etwas mehr lösen können.

Ziehe die Schultern in Richtung Ohren nach oben. Atme ein und aus und lasse wieder los.

Spanne die Gesäß- und Oberschenkelmuskeln an und ziehe die Zehen in Richtung Gesicht, sodass auch Spannung im Unterschenkel entsteht. Atme ein und aus und lasse wieder locker. Genieße das angenehme Gefühl von Entspannung in deinen Beinen und Füßen.

Lasse jetzt deinen gesamten Körper schwer werden. Lasse vollständig los und spüre, wie sich die Entspannung mehr und mehr ausdehrt. Atme nochmals tief durch die Nase ein und ganz langsam durch den Mund wieder aus. Wenn Gedanken und Gefühle kommen und gehen, kannst du sie entspannt wahrnehmen. Du kannst einen Schritt zurücktreten, und noch einen Schritt, noch weitere Schritte, sodass der Abstand zunimmt. Du kannst sogar den Raum in Gedanken verlassen und dich an einen anderen Ort begeben. An einen Ort, an dem du dich wohlfühlst.

Autogenes Training

Autogenes Training ist eine Selbst-Entspannungsmethode. Entwickelt wurde sie in den 1930er-Jahren vom Nervenarzt Johannes H. Schultz. Das Grundprinzip besteht in der Abhängigkeit von Körper und Geist. Geht es deinem Geist nicht gut, geht es deinem Körper nicht gut – und andersherum. Durch eine Art Selbsthypnose versetzt du deinen Körper in einen Entspannungszustand. Du wiederholst in Gedanken die gleichen einfachen Sätze, z.B.: „Mein rechter Arm wird schwer." Durch deine geistige Vorstellungskraft überträgst du das auf deinen Körper, bis sich dein rechter Arm schwer anfühlt. Ziel der einzelnen Übungen ist es, Muskeln, Durchblutung, Pulsschlag, Atmung zu entspannen. Du bringst dein Inneres in Einklang – und findest deine Mitte.

SO GEHTS:

Die Übung wird im Liegen oder im Sitzen in entspannter Haltung durchgeführt. Die Augen sind dabei geschlossen. In Gedanken sagst du dir die unten angeführten Sätze vor, wobei der Satz „Ich bin ganz ruhig" die anderen Formeln abschließt. Die übrigen Sätze werden jeweils sechs Mal in Gedanken wiederholt.

Am Ende einer Übungseinheit steht die sogenannte Zurücknahme: Um wieder in einen wachen und aufnahmebereiten Zustand zu kommen, reckst und streckst du dich und schüttelst die Glieder.

Ich bin ganz ruhig.
Meine Arme und meine Beine sind ganz warm. (6 Wiederholungen)

Ich bin ganz ruhig.
Meine Arme und meine Beine sind ganz schwer. (6 Wiederholungen)

Ich bin ganz ruhig.
Mein Herz schlägt ruhig und gleichmäßig. (6 Wiederholungen)

Ich bin ganz ruhig.
Meine Atem geht ruhig und gleichmäßig. (6 Wiederholungen)

Ich bin ganz ruhig.
Mein Bauch ist angenehm warm. (6 Wiederholungen)

Ich bin ganz ruhig.
Meine Gedanken sind frisch und klar. (6 Wiederholungen)

Ich bin ganz ruhig.

ÜBUNG 3

Geführte Meditation für mehr Energie

Geführte Meditationen sind perfekt für Anfänger geeignet, die noch nie zuvor meditiert haben. Ob du eine geführte Meditation in Form eines Podcasts, eines Videos oder einer Meditationsgruppe erlebst, ist egal – das Angeleitet-Werden kann dir helfen, dich Schritt für Schritt immer tiefer zu entspannen. Vielleicht möchtest du diese Meditation für mehr Energie ausprobieren.

SO GEHTS:

Setze dich bequem hin, lege die Hände auf deine Knie und schließe deine Augen. Atme tief durch die Nase ein und langsam wieder aus. Beobachte, wie du von Atemzug zu Atemzug ruhiger wirst. Du entdeckst in dir selbst einen Ort, wo du Ruhe, Entspannung und inneren Frieden findest, vielleicht ist es der Punkt zwischen deinen Augenbrauen. Atme bewusst tief ein und aus. Mit jedem Atemzug spüre die Kraft und Lebendigkeit in dir. Atme neue Energie ein, atme aus und lasse alles los, was du nicht brauchst.
Deine Gedanken treten in den Hintergrund. Richte jetzt die Aufmerksamkeit auf dein Sonnengeflecht, das ist das Nervengeflecht am unteren Brustbein. Wenn du möchtest, lege deine Hände darauf.

Atme zu deinen Händen in dein Sonnengeflecht und spüre, wie sich hier Verkrampfungen auflösen. Stelle dir vor, in deiner Brust befindet sich eine kleine Kugel aus Licht.

Mit jedem Einatmen wird diese leuchtende Kugel größer und größer. Das Licht erfüllt nach und nach deinen gesamten Brustraum. Das Licht strömt aus deiner Brust in deine Arme bis in deine Hände, bis in deine Fingerspitzen. Es strömt aus deiner Brust in deinen Kopf, dein Gesicht, deine Stirn.

Das Licht fließt aus deiner Brust in den unteren Bauchraum und füllt ihn mit Licht.

Das Licht fließt weiter in die Beine, in deine Füße, bis in die Zehenspitzen.

Dein ganzer Körper ist jetzt angefüllt mit strahlendem Licht und neuer Lebensenergie.

Atme nochmals tief ein und aus. Nimm deine Umgebung wieder wahr. Bringe leichte Bewegung in deinen Körper. Strecke dich und dann öffne deine Augen.

ENERGIEQUELLE ERNÄHRUNG

Gutes Essen ist Balsam für die Seele. Die richtige Ernährung beeinflusst nicht nur unseren Stoffwechsel positiv, sondern auch unsere Leistungsfähigkeit und Stimmung.

Wie jede Mechanik und jedes Lebewesen brauchen auch wir Menschen Energie, um unseren Körper warm zu halten, zu bewegen und unseren Stoffwechsel fließen zu lassen. Ein gut funktionierender Stoffwechsel ist die Basis für optimale Energieverteilung. Lebensmittel geben uns Energie in Form von Kalorien. Doch Kalorie ist nicht gleich Kalorie, denn manche Nahrungsmittel motivieren unseren Körper, die Kalorien effizienter zu verbrennen als andere. Besonders wirkungsvoll sind jene, die den Blutzuckerspiegel stabilisieren, im Gehirn chemische Glücksbotenstoffe freisetzen und dem Körper so mehr Kraft schenken. Natürlich gibt es unzählige Ernährungsformen und immer wieder neue Trends. Manche hast du vielleicht schon ausprobiert, manche gibt man gleich wieder auf. Die eigene Ernährung zu optimieren, ist zum Volkssport geworden. Ich möchte dich dazu einladen, auf dein Bauchgefühl zu hören. Nur du selbst weißt, welche Ernährung dir am besten bekommt, wann du am besten isst und was du gut und schlecht verträgst. Ich selbst lebe seit einigen Jahren vegan, praktiziere 16/8 (esse meist in einem Zeitfenster zwischen 11 und 19 Uhr) und versuche auf Mehl, industriellen Zucker und Fertigprodukte zu verzichten – was mir mal besser und mal schlechter gelingt. Aber wie hat es meine Ärztin so schön formuliert: Die Dosis macht das Gift. Und wenn mir nach Genießen ist, dann genieße ich, wonach immer mir auch ist, mit all meinen Sinnen. Im Schnitt isst ein Mensch in seinem Leben fünf Jahre lang. Fünf Jahre! Wenn ich die Wahl habe, fünf Jahre lang im Stehen schnell etwas runterzuschlingen oder fünf Jahre in Ruhe zu genießen, wähle ich den Genuss.

Trinken, Trinken, Trinken

Wir alle wissen, wie wichtig es ist, und vergessen trotzdem viel zu oft, ausreichend Wasser zu trinken. Dehydration kann schlimme Folgen haben: Es wird weniger Sauerstoff in die Zellen transportiert, der Blutdruck sinkt und Nieren sowie Leber können den Körper nicht mehr richtig entgiften. Das sind nur einige der negativen Auswirkungen.

Unser menschlicher Organismus besteht je nach Lebensalter zu 50 bis 80 Prozent aus Wasser. Deshalb ist es wichtig, den Flüssigkeitshaushalt in Balance zu halten. Bei nahezu allen wichtigen Stoffwechselvorgängen wird Wasser benötigt, denn es ist das wichtigste Lösungs- und Transportmittel des Körpers. Wasser sorgt dafür, dass Schadstoffe mithilfe der Nieren über den Urin möglichst schnell wieder aus dem Organismus gespült werden. Wer wenig trinkt, behält die Giftstoffe also länger im Körper. Konzentrationsschwäche, Sodbrennen, Hungergefühl, Nackenschmerzen, Kopfschmerzen, Übellaunigkeit, Gelenksschmerzen, Mutlosigkeit, Mundgeruch: Man kann es kaum glauben, aber das sind tatsächlich alles mögliche Anzeichen von Durst. Und die Liste ließe sich sogar noch fortführen. Außerdem fördert Wassertrinken die Vitalität der Haut. Bereits zehn Minuten nach dem Trinken wird die Haut besser durchblutet, mit mehr Sauerstoff versorgt und der Hautstoffwechsel dadurch angekurbelt. Die erhöhte Stoffwechselaktivität unterstützt die Schutz- und Abwehrfunktion der Haut. Der innere Vitalisierungseffekt von Wasser macht sich langfristig in einem frischeren Aussehen der Haut bemerkbar. Wer ausreichend trinkt, beugt nicht nur Pickeln und Unreinheiten, sondern auch Falten vor. Im Idealfall sollten wir 1,5 bis 2 Liter Flüssigkeit, am besten stilles Wasser oder ungesüßten Tee, zu uns nehmen. Wir alle kennen die Tipps: Stelle dir immer eine volle Flasche mit Wasser auf den Schreibtisch, die du im Laufe des Tages am besten nicht nur leer machst, sondern mehrfach nachfüllst. Verzichte auf zuckerhaltige Getränke und Softdrinks. Reduziere Kaffee und Alkohol.

Wenn ich die Wahl habe, im Stehen schnell etwas runterzuschlingen oder in Ruhe zu genießen, wähle ich den Genuss.

TIPP

Wasser-Test

Lege eine Hand mit der Innenfläche nach unten auf einen Tisch und ziehe mit Daumen und Zeigefinger der anderen Hand die Haut auf dem Handrücken hoch. Lasse los und beobachte, wie sich die Hautfalte verhält. Bleibt sie länger als 10 Sekunden sichtbar, trinkst du zu wenig.

Warum warmes Wasser?

Warum Yogis und Gesundheitsfans warmes Wasser trinken, lässt sich leicht erklären. Es ist die einfachste Form zu „detoxen", also den Körper beim Entgiften zu unterstützen. Das kommt aus der Traditionellen Chinesischen Medizin (TCM). Durch die erhöhte Temperatur des Wassers können Schadstoffe im Körper leichter gelöst und abtransportiert werden. Außerdem regt warmes Wasser den Stoffwechsel und damit auch die Verdauung an. Probiere doch mal aus, zum Essen nicht kaltes, sondern warmes Wasser zu trinken. Nach dem Trinken dehnen sich die Blutgefäße im Körper aus, warmes Wasser gelangt schneller in den Magen und kann dort helfen, aufgenommene Nahrung in ihre Einzelteile zu zerlegen. Trinken wir kaltes Wasser, muss es der Körper erst einmal auf Magentemperatur bringen und verbraucht dadurch Energie. Hat das Wasser Körpertemperatur, also um 36 °C, fällt diese Leistung weg. Trinkst du dein warmes Wasser morgens gleich direkt nach dem Aufstehen, kannst du dich über einen Energieschub freuen. Die leichte Erhöhung der Körpertemperatur regt den Kreislauf an und macht dich schneller wach. Am besten mit Zitrone, das macht sofort frisch und munter. Warmes Wasser verringert außerdem die Schleimansammlung in Nase, Rachen und Magen-Darm-Trakt und auch das Viren- oder Bakterienwachstum an diesen Stellen. Flüssigkeit wirkt grundsätzlich schleimlösend, deswegen solltest du bei einer Erkältung ebenfalls viel trinken.

Zum Schluss noch das schrägste Ergebnis einer Studie zu warmem Wasser: Es stimuliert im Mund bestimmte Rezeptoren, die direkt ins Lustzentrum des Gehirns führen und zwar exakt an jene Stelle, wo wir Sympathie für andere empfinden. Warmes Wasser macht unsere Mitmenschen für uns also sympathischer. Unbedingt in der nächsten Arbeitsbesprechung ausprobieren!

Neil Werzer

ERNÄHRUNGS- UND SPORTWISSENSCHAFTLER, YOGALEHRER

Energie gibt uns, was uns guttut – das trifft auch auf unsere Ernährung zu. „Es gilt eine Balance zu finden", sagt Ernährungsexperte und Yogalehrer Neil Werzer. Wenn wir auf unseren Körper hören und gelernte Gewohnheiten hinterfragen, führt uns das zu einer Ernährungsweise, die uns kraftvoll erstrahlen lässt.

Was essen wir, wie viel essen wir und wann essen wir? Welche und wie viele verschiedene Nahrungsmittel müssen wir zu uns nehmen, um das breite Spektrum gesundheitsfördernder Nährstoffe zu decken? Und nicht zu vernachlässigen: Wie erreichen wir eine ausreichende kulinarische Geschmackszufriedenheit? Allein diese Fragen stellen viele Menschen vor schwierige Entscheidungen. Neil ist als Ernährungswissenschaftler auf der Suche nach Antworten. „Nimm in die Hand, was du als Nächstes essen möchtest, und frage dich: Esse ich das, weil ich es gewohnt bin, weil ich es immer so gemacht habe oder weil es mir jetzt wirklich guttut?" Da Zucker, Fett und Salz Geschmacksträger sind und wir als Menschen gern große Mengen davon verzehren, ist die Konsequenz der Industrie ein hoher Zusatz dieser Stoffe in einer breiten Palette von Nahrungsmitteln. Das heißt, wir essen zu süß, zu fett, zu salzig und oft auch zu viel. „Alles im Überfluss ist zu viel, das trifft eigentlich auf alles im Leben zu und auch auf unsere Ernährung." Neil selbst ernährt sich fast ausschließlich vegan. „Zu 99 Prozent gelingt mir das auch", sagt er. „Wenn ich mal essen gehe oder eingeladen bin und dort ein tierisches Lebensmittel verkocht oder enthalten ist, dann esse ich das auch mit Genuss. Der soziale Faktor ist mir beim gemeinsamen Essen sehr wichtig." Umstellungen in den Ernährungsgewohnheiten sind langfristige Entscheidungen. Der häufigste Wunsch, den Neil zu hören bekommt, ist: „Ich will abnehmen!" Eine gesunde Gewichtsabnahme kann, wie jede Umstellung der Er-

nährung, aber nicht von heute auf morgen passieren, es ist ein Prozess. Das zu akzeptieren ist schon mal die erste Hürde, auch wenn der Gedanke an einen langen Weg im ersten Moment abschreckt und kurzfristige Diäten verlockend klingen. Möchte man ein für sich individuell optimales Ernährungsmuster etablieren, muss man sich dafür Zeit nehmen. Auch wenn eine Umstellung vielleicht Monate oder Jahre dauert, diese neuen, gesunden Gewohnheiten „halten" dann ein Leben lang.

Neils Ernährungstipps für mehr Energie

Mit diesen Tipps zum Essen gegen Müdigkeit wandelst du Abgeschlagenheit in Konzentrations- und Leistungsfähigkeit um, kannst Stimmungsschwankungen entgegenwirken und deiner Verdauung helfen.

Angemessene Portionen

Verdauung bedeutet Arbeit. Unser Körper braucht Energie, um Lebensmittel zu verarbeiten. Schwer verdauliche Lebensmittel oder zu große Portionen erschweren unserem Körper den Verdauungsprozess und machen müde. Es gibt zwar keine allgemein gültige Regel in Bezug auf optimale Portionsgrößen und die perfekte Anzahl an Mahlzeiten pro Tag, klar ist aber: Eine zu hohe Kalorienaufnahme wird langfristig wahrscheinlich in einer Gewichtszunahme resultieren. Mein Tipp: Egal ob allein oder in Gesellschaft: Genieße

dein Essen und lasse dir dafür Zeit! Dadurch wirst du wahrscheinlich weniger essen, was deine Verdauung erleichtert und zu einer verminderten Kalorienaufnahme führt. Ein zusätzlicher Tipp, wenn du nach der ersten Portion noch immer Hunger hast: Warte ein paar Minuten und trinke ein Glas Wasser.

Verzichte nicht auf Kohlenhydrate

Kohlenhydrate machen uns glücklich und sind die schnellsten Energielieferanten für unseren Körper. Sie werden in roten Blutkörperchen in unserem Blut transportiert und liefern Energie für unser Gehirn. Wenn du aufhörst, Kohlenhydrate zu dir zu nehmen, führt das kurzfristig zu einer Gewichtsabnahme, die ist aber auf einen Wasserverlust zurückzuführen. Die oftmals gewünschte Abnahme der Fettmasse bleibt aus. Langfristig birgt ein kompletter Verzicht auf Kohlenhydrate eine Vielzahl von gesundheitlichen Risiken. Daher rate ich dazu, Kohlenhydrate zu verzehren, aber darauf zu achten welche.

Komplexe Kohlenhydrate sind für eine gesunde Ernährung essenziell, einfache Kohlenhydrate kannst du streichen. Das sind diejenigen, die zum Beispiel in Weißbrot und Süßigkeiten stecken. Komplexe Kohlenhydrate sind vor allem in Vollkornprodukten enthalten. Ihr hoher Gehalt an Mineral- und Ballaststoffen macht uns lang satt. In Österreich, Deutschland und der Schweiz ist Schwarzbrot, das ursprünglich aus Vollkornmehl gebacken wurde, weit verbreitet. Trotzdem essen wir immer mehr Weißbrot. Regelmäßig steht Weißmehl auf unserem Speiseplan, von Baguette, Semmeln und Aufback-Broten über Croissants und Mehlspeisen bis zu Nudeln und Fertigprodukten. Grundsätzlich spricht nichts dagegen, diese Produkte ab und an zu verzehren, vor allem wenn man es gewohnt ist. Man sollte sich nur darüber im Klaren sein, dass der Griff zur Alternative aus Vollkorn nicht nur gesünder, sondern auch gar nicht so schwer ist. Wie wäre es, beim nächsten Einkauf bewusst zu Vollkornnudeln und Vollkornbrot zu greifen? Und wenn du zuhause gerne bäckst, probiere es mal mit einer 50:50-Mischung von Weiß- und Vollkornmehl.

Lebensmittel als Muntermacher

Vollkornprodukte enthalten viel Eisen, Zink, Magnesium und Vitamin B, die dafür verantwortlich sind, dass dein Energielevel steigt. Vor allem B-Vitamine sind für den Ablauf vieler Prozesse im Körper wichtig, denn sie unterstützen die optimale Aufnahme von Nährstoffen. Sie sind in Vollkorngetreide, Linsen, Feldsalat und Sonnenblumenkernen enthalten. Als Vegetarier oder Veganerin kannst du deinen Eisenbedarf mit grünem Blattgemüse und Hirse ganz gut abdecken und so Müdigkeit entgegenwirken.

Vermeide Late-Night-Snacks

2016 wurde der Nobelpreis im Bereich „Physiologie des Menschen" an einen Japaner vergeben. Yoshinori Ohsumi entdeckte die sogenannte Autophagie. Vereinfacht gesagt ist es eine Zellreinigung, die die Zelle selbst induziert. Du kennst seine Theorien vielleicht als „Intervallfasten" oder „Intermittierendes Fasten". Dieser Prozess beginnt ab etwa 12 bis 14 Stunden ohne Nahrungszufuhr von selbst. In der Praxis heißt das: Wenn du um 19 Uhr mit dem Abendessen fertig bist, ist es ratsam, erst wieder morgens um 7 Uhr (für 12 Stunden) oder um 9 (für 14 Stunden) zu essen. Gerade abends ist die Verlockung groß etwas Schokolade zu naschen oder Knabbereien zu snacken – oft einfach aus Gewohnheit. Mein Ratschlag auch hier: Ein Schritt nach dem anderen. Nimm dir am Anfang ein bis zwei Tage pro Woche, an denen du probierst, auf 12 bis 14 Stunden ohne Nahrungszufuhr zu kommen. Wenn du das Verlangen nach einem Bier oder Glas Wein hast, probiere es mal mit einer Tasse Tee oder einem Glas Wasser. Du wirst schnell merken, wie gut dir diese Esspausen tun und wie viel Energie du daraus schöpfen kannst.

ENERGIEQUELLE BEWEGUNG

Unser menschlicher Körper ist auf Bewegung programmiert. Bewegen wir uns nicht, verkümmern unser Skelett, unsere Muskulatur und unsere inneren Organe. Kurz: Unser Körper degeneriert.

Innerhalb weniger Jahrzehnte hat sich unser Leben grundlegend verändert. Heute bewegen wir uns um zwei Drittel weniger als vor 100 Jahren. Wir sitzen viel zu viel – dabei ist der Mensch zum Laufen geboren. Aber wir müssen eben nicht mehr auf die Jagd gehen oder vor Feinden zu Fuß flüchten – es reicht, den Einkaufswagen durch den Supermarkt zu schieben. Zumindest in der westlichen Welt muss der große Teil der Bevölkerung auch nicht mehr schwer arbeiten, sondern übt seine Tätigkeit im Sitzen aus. Wer keinen Ausgleich im Sport sucht, hat langfristig ein Problem. Rückenschmerzen, Übergewicht, Bluthochdruck und Diabetes mellitus gelten als „Zivilisationskrankheiten".

Es ist aber gar nicht notwendig, Profitennisspieler oder Marathonläufer zu werden – regelmäßige moderate Bewegung genügt, um unseren Körper in Schuss zu halten und auch unseren Kopf frei zu bekommen. Denn Bewegung tut nicht nur Knochen und Muskeln, sondern auch unserer Seele gut. Sport erhöht die Produktion von Neurotransmittern wie Serotonin und Dopamin. Diese sind für ihre stimmungsaufhellende und ermüdungshemmende Wirkung bekannt, wirken also positiv auf unsere Psyche. Zugleich werden durch Bewegung und Sport Stresshormone wie Adrenalin und Cortisol abgebaut und dadurch ihre schädigenden Effekte verhindert. Neben dem Gehirnstoffwechsel und der Fitness ist es aber vor allem die seelische Komponente, die zählt. Sport hilft uns, unseren Körper wieder besser zu spüren. Wir kommen aus dem Denken ins Fühlen.

Als Faustregel der Sportmedizin gilt: Zwei bis drei Stunden pro Woche auf uns abgestimmter Sport, etwa Laufen, Radfahren oder Schwimmen, halten uns bis ins hohe Alter gesund. Und wer seine körperlichen Grenzen kennt und akzeptiert, mäßig, aber regelmäßig Sport treibt, erzielt den größten Effekt für das eigene Wohlbefinden.

BEWEGUNG GEGEN STRESS

Stress ist zunächst einmal eine natürliche Reaktion auf eine Belastungssituation. Über die sogenannte Stressachse, die vom Hypothalamus bis zu den Nebennieren reicht, werden binnen Sekunden hohe Mengen an Adrenalin, Noradrenalin und Cortisol aus der Nebennierenrinde ins Blut ausgeschüttet. Diese Stresshormone befähigen uns kurzfristig zu Höchstleistungen: Blutzuckerspiegel und Blutdruck steigen, der Puls schlägt schneller, alle Sinne sind aktiviert. Evolutionär gesehen war Stress also überlebensnotwendig. Hält dieser Stresszustand aber zu lang an, schadet uns das. Steht unser Organismus unter Dauerspannung und kommt nicht mehr zur Ruhe, schlafen wir schlechter, sind unkonzentrierter und erschöpft. Wir laufen Gefahr, in einen Burnout oder eine Depression zu schlittern. Sind unsere Stresshormone dauerhaft zu hoch, wird das Immunsystem geschwächt und Stoffwechsel und Hormonhaushalt werden beeinträchtigt.

Bei Stressbewältigung geht es letztlich darum, diese Stresshormone wieder abzubauen und – im Gegenzug – stressabbauende Hormone hochzufahren. Sport und Bewegung sind für diese Aufgabe geradezu prädestiniert: Durch körperliche Bewegung gelangt vermehrt Sauerstoff in unsere Zellen und der Stoffwechsel kommt in Fahrt. Während Blutzucker, Blutfette und eben auch der Stresshormonpegel sinken, steigt die Produktion von Endorphinen und Serotonin. Sie neutralisieren Stresshormone und machen uns glücklich. Mit Sport schlägst du also gleich zwei Fliegen mit einer Klappe.

Besonders wirksam als Stresskiller ist Sport, den wir regelmäßig betreiben und den wir vor allem auch gerne machen. Werde zum Genusssportler! Sport zum Stressabbauen ist kein Leistungssport, er muss sich immer gut anfühlen. Sei es eine Radtour durch die Wälder, ein langer Spaziergang oder eine Stunde auf der Yogamatte. Passe dein Training deinem individuellen Leistungsniveau an, dann wirst du dich danach einfach nur gut fühlen. Und diesen Effekt kannst du auch noch steigern, wenn du hinterher für bewusste Entspannung sorgst. Durch das Wechselspiel aus muskulärer An- und Entspannung bringst du deinen Organismus in eine spürbar gesündere Balance.

Sowohl zu viel also auch zu wenig Bewegung bringt unseren Körper aus dem Gleichgewicht. Es ist also wichtig, das eigene Idealmaß zu finden. Eine einfache Regel dazu: Wenn du keine Luft mehr bekommst, schwer atmest und nicht mehr durch die Nase atmen kannst, dann schalte einen Gang zurück. Achte auf deine Tagesform und deine augenblickliche Befindlichkeit. Zu großer Ehrgeiz schadet mehr, als er bringt. Ja, Sport ist ein tolles Mittel, um Stress abzubauen, aber es ersetzt nicht die wichtigen Regenerationsphasen unseres Körpers. Genau deshalb bin ich ein so großer Yoga-Fan.

SANFTE BEWEGUNG: MEIN YOGA

Beim Yoga kann man ganz einfach anspruchsvolle Bewegungen mit Entspannung kombinieren. Man stärkt den Organismus und baut Muskeln auf, durch das Üben der richtigen Atmung bleibt man aber permanent im Gleichgewicht und spielt mit seinen Grenzen, überschreitet sie aber nicht. Durch Yoga steigert man seine Flexibilität und Stabilität, erhöht sein Gleichgewichtsgefühl und bekommt durch die Konzentration auf jeden Atemzug und jede Bewegung ganz wunderbar den Kopf frei.

10 Argumente pro Yoga

1 Wer mit Yoga beginnt, beschäftigt sich früher oder später auch mit der Philosophie dahinter. Die Zeit auf der Matte motiviert uns, gesünder zu leben. **Verzicht wird einfacher.**

2 Negative Gedanken und Gefühle werden beim Yoga einfach wahrgenommen, **ohne sie zu bewerten.** Eine Qualität, die uns auch den Alltag erleichtert.

3 Beim Yoga blenden wir unseren Alltag von Atemzug zu Atemzug etwas mehr aus. Das sorgt nach und nach für ein angenehmes Gefühl von **Ausgeglichenheit und Zufriedenheit.**

4 **Yoga stärkt nicht nur den Körper, sondern auch die Psyche.** Es hilft uns, mit Ängsten umzugehen und uns besser zu konzentrieren. Durch das Bewusstsein für unseren Körper verbessert sich auch unsere Haltung – nicht nur körperlich, sondern auch dem Leben gegenüber.

5 **Es gibt über 100 verschiedene Yogastile – manche sind schweißtreibend, andere einfach nur erholsam.** Es ist also für jeden etwas dabei und jeder, egal wie alt oder jung, kann Yoga praktizieren.

6 Die bewusste und tiefe Atmung beim Yoga beruhigt nicht nur unser ständig ratterndes Gehirn. Das tiefe Einatmen und auch die verschiedenen Körperdrehungen in den einzelnen Yogapositionen **regen die Organe an und versorgen die Zellen mit Sauerstoff, was unseren Körper wiederum dabei unterstützt, Giftstoffe abzubauen.** Puls und Blutdruck werden gesenkt, Herz-Kreislauf- und Immunsystem gestärkt und die Verdauung wird angeregt.

7 **Yoga hilft uns, Dinge und Situationen, die wir gerade nicht ändern können, zu akzeptieren, wie sie nun mal sind.** Das zu üben und in den Alltag mitzunehmen, hilft uns in jeder Lebenslage und schenkt uns langfristig Gelassenheit und Leichtigkeit.

8 **Yoga wirkt heilend.** Darüber gibt es viele Studien. Yoga wirkt sich positiv auf unser Schmerzempfinden aus und reguliert unseren Hormonhaushalt.

9 **Yoga kostet so wenig und bringt so viel.** Alles, was man braucht, ist eine dünne Matte und bequeme Kleidung.

10 **Schlaf und Erholung werden durch Yoga verbessert.** Unser Lungenvolumen steigert sich durch die bewusste Atmung, das heißt, wir atmen durch das regelmäßige Üben von Yoga tiefer, aber seltener und können so besser entspannen. Auch unser Schlaf wird erholsamer.

Der halbe Bogen streckt deinen gesamten Körper.

EINFACHE YOGAÜBUNGEN FÜR MEHR ENERGIE

Yoga lehrt, dass sich Energie in verschiedenen Wellenlängen als Körperbewegungen, unwillkürliche Verdauungsfunktionen, geistige Aktivitäten und Sinnesfunktionen manifestiert. Beim Sport wird Energie in physischer Anstrengung gemessen. Bei einem Marathon gewinnt der schnellste Läufer. Beim Schach die strategischste Denkerin. Bei jeder sportlichen Aktivität, aber auch bei jeder Bewegung, die wir machen, sei es essen, gehen oder reden, wird Energie verbraucht. Yogapositionen, Atemübungen und Entspannung verbrauchen sehr wenig Energie. Es ist sogar so, dass wir die neue Energie, die wir während einer Yogastunde erzeugen, speichern und dann im Alltag für alle möglichen Aktivitäten verwenden können.

Yoga steigert auch unsere Sinneswahrnehmung. Und durch den aufmerksamen Umgang mit unseren fünf Sinnen – Hören, Sehen, Schmecken, Riechen und Fühlen – können wir Energie besser speichern und dann auch wieder abgeben, wenn wir sie benötigen. Außerdem hilft uns Yoga beim Abschalten. Wir üben, unsere Sinne ganz bewusst zurückzuziehen, wenn wir mit Störungen konfrontiert sind. Wenn unser Körper und unser Geist sich beruhigt haben und in Balance sind, können wir alles rund um uns herum viel besser „verdauen".
Ich möchte dir einige einfache Übungen vorstellen. Versuch's mal!

YOGA

Das Kind

BALASANA

Die Kindsposition ist eine Yogaübung, die deinen Körper einerseits entspannt und ihm andererseits neue Energie schenkt. Deine Wirbelsäule wird rund, deine Beine werden gedreht und beim gleichmäßig Ein- und Ausatmen drückst du deine inneren Organen gegen die Oberschenkel, was sie leicht massiert und so die Verdauung anregt. Die entspannte Haltung deiner Stirn am Boden wirkt nicht nur beruhigend, sondern auch gegen Kopfschmerzen. In der Kindsposition fühlst du dich beschützt und geborgen. Aus dieser Ruhe kannst du Kraft für neue Taten schöpfen. Deshalb ist es vollkommen in Ordnung und auch üblich, in Yogastunden in die Kindsposition zu gehen, wenn man zwischendurch eine Pause braucht, und wieder einzusteigen, wenn man ausreichend Kraft getankt hat. In dieser Haltung entwickelst du ein besseres Verständnis für deine Atmung. Du erkennst auch, welche Rolle deine Organe beim Energiefluss in deinem Körper spielen.

ÜBUNG:

Setze dich in den Fersensitz. Wenn du mit dem Gesäß nicht auf die Füße kommst oder Schmerzen in den Knien hast, lege dir ein Kissen zwischen Gesäß und Füße oder setze dich auf einen Yogablock.

Beuge dich mit der Ausatmung nach vorn und lege deine Stirn auf der Matte vor deinen Knien ab.

Deine Arme kannst du entweder mit den Handflächen nach oben neben deinen Körper legen oder du streckst sie nach vorne. Ist diese Haltung im Nacken unangenehm, lege dir ein Kissen unter die Stirn.

Lenke deine Aufmerksamkeit auf deinen Atem und atme durch die Nase tief ein und aus.

Bleibe für mindestens 30 Sekunden in der Position des Kindes.

YOGA

Berg mit gestreckten Armen nach oben

URDHVA HASTASANA

Die Bergposition gehört zu den Basis-Yogaübungen. Der Berg mit nach oben gestreckten Armen stärkt deine Beinmuskulatur, die Arme und deinen Oberkörper. Dein Körper wird von den Füßen bis zum Kopf gedehnt. Durch die Brustöffnung wird deine Atmung vertieft, deshalb wirkt diese Position belebend und aktivierend.

Je öfter du diese Haltung übst, desto mehr wirst du die Kraft in deinem Bauch und diese Energie in deinem Rücken spüren, während deine Füße fest auf den Boden drücken.

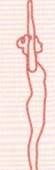

ÜBUNG:

Stelle dich mit beiden Füßen nebeneinander auf deine Yogamatte, die großen Zehen berühren einander, du belastest Innenballen, Außenballen und Fersen. Deine Arme drehst du nach außen, deine Handflächen zeigen vom Körper weg.

Mit der nächsten Einatmung bewegst du die Arme seitlich nach oben. Deine Arme sind parallel nach oben gestreckt, die Handflächen schauen zueinander.

Rolle deine Schultern nach hinten und senke deine Schulterblätter ab. Nur wenn du deine Schultern so halten kannst, bringe deine Handflächen zusammen. Spanne deine Bauchmuskeln leicht an und rolle dein Steißbein leicht ein, öffne deinen Brustkorb und richte deinen Nasenspitze leicht nach oben. Strecke deine Ellenbogen und wachse bis in die Fingerspitzen nach oben.

Bleibe einige Atemzüge lang dieser Haltung.

Dann bewege deine Arme mit der Ausatmung wieder nach unten. Wenn du magst, kannst du auch deinen Oberkörper nach vorne kippen und als Ausgleichsposition in eine Vorbeuge kommen.

YOGA

Der halbe Bogen

ARDHA DHANURASANA

Der halbe Bogen ist eine Rückbeuge und ein Herzöffner, diese Position streckt deinen gesamten Körper, besonders die Wirbelsäule, Beine und Arme, ist also gut für deine Haltung. Sie regt die Aktivität deiner Bauchorgane an, bringt den Kreislauf in Schwung und trainiert deinen Gleichgewichtssinn. Im halben Bogen regst du den Energiefluss im ganzen Körper an. Einerseits kämpfst du mit deiner Balance, andererseits erfährst du die volle Wirkung erst, wenn du in dieser Position „loslässt". Was für ein gutes Gefühl! Du entzündest dein inneres Feuer und stärkst dein Selbstwertgefühl und Selbstvertrauen.

ÜBUNG:

Komme in den Vierfüßlerstand auf deine Matte. Hände unter den Schultern, Knie unter der Hüfte, der Rücken ist neutral.

Dann strecke den rechten Arm nach vorne und das linke Bein nach hinten. Halte dein Gleichgewicht.

Winkle nun dein linkes Bein nach oben ab und greife mit der rechten Hand zu deiner linken Ferse.

Richte den Blick nach vorne und drücke den Fuß fest in deine Hand. Öffne deinen Brustkorb und atme tief und gleichmäßig.

Nach etwa 30 Sekunden löse die Position und komme wieder in den Vierfüßlerstand. Übe die andere Seite.

Lasse dich beim Üben von Sandras Lieblingsmusik begleiten. Scanne dafür den Code und du erhältst Zugang zu Sandras Spotify-Playlist für deine Yoga-Session.

Der Baum

VRKSASANA

Der Baum unterstützt deine Verbundenheit und Verwurzelung mit der Welt. Egal welchen Stürmen du ausgesetzt bist, du behältst das Gleichgewicht, deine Balance. Nichts kann dich umwerfen. Der Baum stabilisiert deine Geisteshaltung, aber auch deinen Körper. Um nicht umzukippen, musst du deinen gesamten Körper anspannen, so stärkst du deine Muskulatur und verbesserst deine Haltung. Du übst deinen Fokus zu halten, durchbrichst dein Gedankenkarussell und bist voll konzentriert. Der Baum stärkt dein Selbstvertrauen, erhöht den Energiefluss, beruhigt den Geist und hilft dir dabei, dich sowohl im Körper als auch auf dem Boden geerdet und stabil zu fühlen.

ÜBUNG:

Stehe mit beiden Beinen auf der Matte. Atme ein paar Mal ein und aus.

Dann verlagere dein Gewicht auf das linke Bein und hebe dein rechtes Bein an.

Winkle es ab und bringe die Fußsohle entweder an den Unterschenkel oder – wenn du geübter bist – an den Oberschenkel. Versuche das Knie so weit wie möglich nach außen zu drehen, um die Hüfte zu öffnen.

Du kannst deine Hände vor dem Herzen schließen oder nach oben bringen.

Bleibe für zehn Atemzüge im Baum, dann wechsle auf die andere Seite.

Heraufschauender Hund

URDHVA MUKHA SAWANASANA

Der heraufschauende oder nach oben schauende Hund stärkt deinen Rücken und lindert Schmerzen im unteren Rückenbereich. Da das Körpergewicht in erster Linie von Armen und Handgelenken getragen wird, stärkt er Arme und Hände. Diese Yogaübung verbessert die Körperhaltung und stimuliert die Organe des Unterbauchs. Dein Brustkorb wird geweitet, was sich positiv auf das Lungenvolumen auswirkt. Der heraufschauende Hund dehnt die Schultern und hebt die Stimmung. Wir neigen ja oft dazu, uns „klein" zu machen – in dieser Position gehst du aus dir heraus und streckst dich kraftvoll nach oben. Das gibt neue Energie und Selbstvertrauen.

ÜBUNG:

Starte in Bauchlage auf dem Boden. Strecke deine Beine nach hinten aus, dabei sind deine Zehenspitzen auf dem Boden.

Stütze deine Hände neben deinem Brustkorb am Boden ab. Dabei sollten deine Ellbogen nahe am Körper sein und nicht zur Seite kippen.

Atme ein, drücke beide Hände fest in den Boden und ziehe sie etwas zurück, als wenn du dich nach vorne ziehen wolltest.

Drücke deine Arme durch und hebe deinen Oberkörper.

Spanne dein Gesäß und deine Oberschenkelmuskeln an und ziehe deine Schulterblätter Richtung Wirbelsäule. Hebe dein Brustbein an, aber schiebe es nicht zu weit nach vorne um keine Verspannungen im unteren Rücken zu verursachen.

Schaue gerade nach vorne. Halte die Position für etwa 30 Sekunden.

Sonnengruß

Gerade um morgens mit mehr Energie in den Tag zu starten, bietet sich die bekannteste aller Yogasequenzen an, der Sonnengruß. Er wärmt deine Muskeln auf, dehnt deinen Körper und regt das das Herz-Kreislauf-System an. Diese Übungsfolge wird in fast allen Yogastilen unterrichtet, sie wirkt harmonisierend und schenkt dir jede Menge neue Energie. Beim Sonnengruß ist die Atmung das A und O. Atme tief, gleichmäßig und langsam durch die Nase und koordiniere deine Bewegungen mit deinen Atemzügen. Wenn du deinen Körper anhebst und den Brustkorb weitest, atmest du ein. Beugst du dich nach unten und ziehst den Oberkörper zusammen, atmest du aus. Die Bewegung folgt dabei der Atmung, nicht andersherum. Lasse dich von deiner Atmung durch den Sonnengruß und weiter durch den ganzen Tag tragen.

ÜBUNG:

Starte im Stehen auf deiner Matte, bringe beide Hände vor den Brustkorb zusammen und atme aus. Atme ein und strecke dabei deine Arme über die Seite nach oben. Spanne dein Gesäß an, ziehe deine Schulterblätter zusammen und richten den Blick leicht nach oben. Der nach oben gerichtete Berg.

Atme aus und beuge den Oberkörper nach unten – wenn möglich berühre mit den Händen den Boden. Die volle Vorbeuge.

Atme ein, richte deinen Oberkörper halb auf, strecke deinen Kopf nach vorn und mache den Hals lang. Die halbe Vorbeuge.

Atme wieder aus und komme zurück in die volle Vorbeuge.

Mit dem nächsten Einatmen steige zurück in die Planke. Atme aus, senke deinen Körper ab, bis du in Bauchlage bist.

 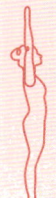   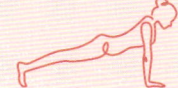

Der heraufschauende Hund für einen starken Rücken.

Atme ein, hebe deinen Oberkörper an in die Kobra oder den heraufschauenden Hund.

Mit dem nächsten Ausatmen schiebe dich zurück in den herabschauenden Hund. Deine Handflächen drücken fest in die Matte, dein Gesäß schiebt nach oben, deine Beinrückseiten werden gedehnt. Atme ein paar Mal tief ein und aus.

Steige mit dem Ausatmen nach vorne in die volle Vorbeuge.

Atme ein und hebe den Oberkörper an in die halbe Vorbeuge.

Ausatmen, komme in die volle Vorbeuge.

Einatmen, richte dich wieder nach oben auf, führe die Arme nach oben und schließe sie wieder vor deinem Herzen.

Mache mindestens noch drei Wiederholungen dieser Abfolge.

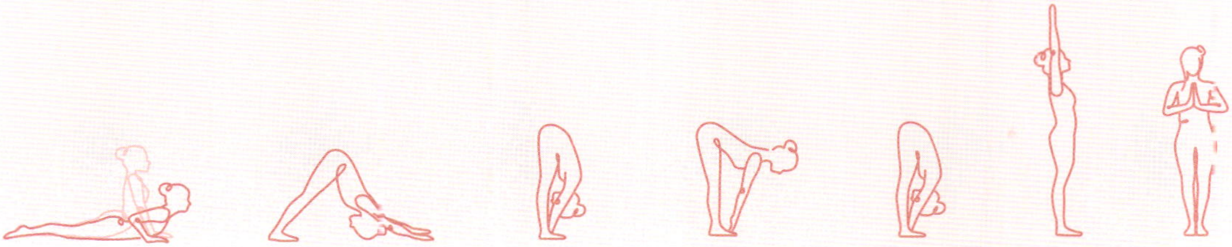

  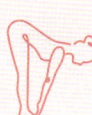  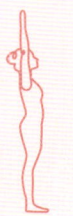 

10-Minuten-Yoga

FÜR MEHR ENERGIE

Beginne mit drei kompletten Sonnengrüßen (die Abfolge findest du auf S. 102). Beim vierten Sonnengruß verlangsamst du das Tempo.

Nimm gleich zu Beginn im nach oben gerichteten Berg fünf tiefe Atemzüge. Dann fließe weiter über volle Vorbeuge, halbe Vorbeuge, volle Vorbeuge und Planke in den heraufschauenden Hund. Aktiviere auch hier deinen gesamten Körper und halte für fünf Atemzüge.

Aus dieser Position schiebst du dich mit dem nächsten Ausatmen in die Kindsposition. Genieße die ausgleichende Wirkung für deinen Rücken und schöpfe Kraft für die nächste Position, den halben Bogen.

Schiebe dich aus dem Kind nach oben in den Vierfüßlerstand. Strecke den rechten Arm nach vorne und das linke Bein nach hinten. Finde dein Gleichgewicht. Dann winkle dein linkes Bein ab und greife mit der rechten Hand zur Ferse. Richte den Blick nach vorne und drücke den Fuß fest in deine Hand. Atme fünf Mal tief ein und aus, dann übe die andere Seite. Danach löse die Position wieder und komme nochmals für fünf Atemzüge ins Kind.

Schiebe dich nach oben in den herabschauenden Hund. Atme fünf Mal tief ein und aus.

Dann steige nach vorn in die volle Vorbeuge, halbe Vorbeuge, volle Vorbeuge.

Richte dich mit dem Einatmen nach oben auf und führe die Arme über die Seite nach oben. Schließe sie vor deinem Herzen.

Der Baum stabilisiert Körper und Geist.

Verlagere dein Gewicht auf das linke Bein und hebe dein rechtes Bein an. Winkle es ab und bringe die Fußsohle entweder an den Unterschenkel oder an den Oberschenkel. Drehe das Knie so weit wie möglich nach außen und öffne so deine Hüfte. Schließe deine Hände vor dem Herzen oder bringe sie nach oben. Halte deine Balance für fünf Atemzüge, dann wechsle die Seite.

Löse die Position auf, schüttle deine Beine aus, wenn du Lust hast, deinen ganzen Körper. Spüre, dass dein Körper gedehnt und durchgestreckt ist und sich neue Energie ausbreitet. Das ist Yoga-Power!

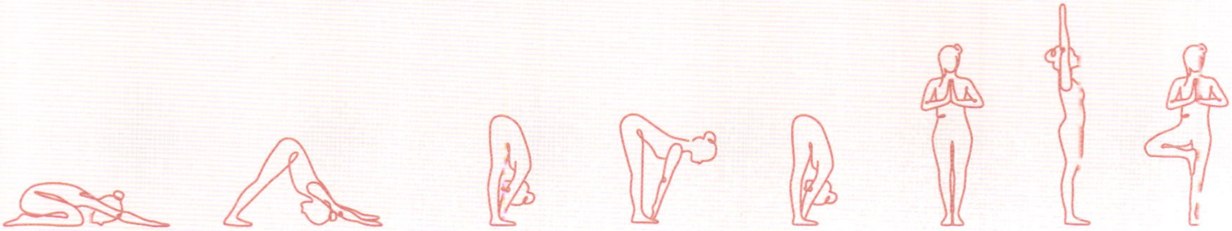

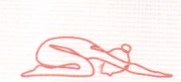       

ENERGIEQUELLE INTUITION

Unsere Intuition ist die Stimme unseres Unterbewusstseins und ein großartiger Begleiter im Alltag, um für uns richtige Entscheidungen zu treffen. Dabei ist sie mehr als das reine Bauchgefühl, sie ist die Stimme unseres Herzens, die uns sagt: „Mache, was du liebst und mache es jeden Tag! – Warum? Weil es dir guttut." Vertraue auf deine Intuition und finde deinen Flow!

Die eine Sache ist zu wissen, was dir guttut, die andere Sache ist, deinen eigenen Rhythmus zu finden und dir wohltuende Angewohnheiten zuzulegen, für die du dir regelmäßig Zeit nimmst.

Gewohnte Rituale spenden Vertrauen in Situationen, in denen wir unsicher sind. Sie schaffen Verbindung zwischen Menschen, sie spenden Trost und Sicherheit wie ein Gute-Nacht-Lied oder drücken Freude aus wie das Feiern von Geburtstagen. Solche Rituale tragen eine tiefe Bedeutung in sich. Wir wissen genau, was kommt. Das schenkt uns Zuversicht und Vertrautheit. Erfahrungen, die wir schon gemacht haben, geben uns Ruhe und Kraft. Gewisse Rituale nutzen wir, um unser Zusammenleben harmonisch zu gestalten, andere können wir ganz bewusst für uns selbst nutzen. Gerade wenn wir Rituale bewusst einsetzen, um unsere Gefühle auszudrücken, lernen wir aus uns herauszugehen und gewinnen mehr Selbstvertrauen.

Was unterscheidet eine Routine von einem Ritual? Nun, Routinen sind automatische Abläufe, die wir uns im Laufe unseres Lebens aneignen, um unseren Alltag zu erleichtern. Rituale haben mit Bewusstheit und Hingabe zu tun, sie sind mehr als reine Gewohnheit.

Versucht man, seine Energie einzuteilen, dann hat dieses Energiemanagement auch immer etwas mit Zeitmanagement zu tun. Wann ist Zeit wofür? Wie viel Zeit wenden wir für die Dinge auf, die uns selbst guttun und wie viel Zeit verbrauchen wir für Dinge, die wir tun müssen? Du hast sicher schon oft festgestellt, dass die Zeit, in der du etwas aus purer Freude machst, scheinbar verfliegt, während sie, wenn du eine Pflicht erfüllst, fast stillsteht.

Mir gefällt der Gedanke, intuitiv zu leben. Unsere Intuition ist eine ganz natürliche, angeborene Gabe, nur verlernen wir im Lauf unseres

Lebens, auf diese innere Stimme zu hören, auf die Stimme unseres Herzens. Zu laut, zu bunt und zu vielfältig ist die Welt um uns herum, mit so vielen verschieden Möglichkeiten und Entscheidungen, die wir Tag für Tag treffen müssen. Dabei wissen wir eigentlich ganz genau, was für uns das Beste wäre, ganz frei von gesellschaftlichen Erwartungen und Zwängen. Als Kinder haben wir eine sehr genaue Vorstellung davon, was wir als Nächstes brauchen, um glücklich zu sein. Nach und nach wird uns aber beigebracht, dem inneren Gefühl der Richtigkeit und Stimmigkeit zu misstrauen und Entscheidungen hauptsächlich rational zu treffen. Das kann zu fatalen Fehlentscheidungen im Leben führen. Nicht immer ist das, was unser Kopf und der Verstand sagen, die richtige Entscheidung für unser Wohlbefinden. Wenn wir es schaffen, uns wieder mit unserer Intuition zu verbinden und ihr zu vertrauen, wenn wir uns von ihr führen lassen, dann wird das Leben leichter und stimmiger. Wir alle besitzen Intuition, die Frage ist nur, ob wir mutig genug sind, uns davon leiten zu lassen. Dabei können wir unsere Intuition trainieren wie einen Muskel und mit der Zeit unsere ursprüngliche Kraft wiederfinden.

INTUITION STATT EGO

Wichtig ist, das Ego von der Intuition zu unterscheiden. Dein Ego ist laut und bestimmend. Es ist jener Teil des Verstandes, der sich getrennt von allen anderen Menschen und Lebewesen erlebt. Die Stimme des Egos ist oft ein starker Drang, der mit heftigen Gefühlen verbunden ist. Oft handeln wir aus Angst heraus – Angst vor Veränderung, Angst zu versagen oder auch Angst, etwas zu verpassen. Motive unseres Egos können Geltungsdrang sein, falsche Erwartungshaltung, Sturheit oder Streben nach Macht.

Deine Intuition ist eine leise, sanfte Stimme, die aus deinem Herzen kommt. Deine Intuition ist ein innerer Impuls, für den es keine offensichtlichen Gründe oder Erklärungen gibt. Vielleicht sagt dir diese Stimme, du sollst ein bestimmtes Seminar besuchen, einfach mal durch den Wald laufen oder eine ganz besondere Reise machen. Intuition will nichts erreichen, sondern ausschließlich der inneren Stimmigkeit folgen. Sie ist bereit, jederzeit die Richtung zu ändern, umzukehren und neue Wege zu gehen, einfach weil es sich richtig anfühlt. Selbst wenn dich deine Intuition vor etwas warnt, macht sie das ruhig und nicht panisch. Intuitiv erkennst du auch, wie sich dein Körper anfühlt, ob er voller Energie ist oder deine Reserven schon fast aufgebraucht sind. Während sich dein Ego vor allem über deine Gedanken äußert, spricht deine innere Stimme über Gefühle, Gerüche, Bilder und Träume zu dir. Hör ihr zu!

ÜBUNG

2 Übungen für deine Intuition

Intuitiv schreiben

Nimm dir einen Stift und einen Zettel und schreibe einfach drauflos. Schreibe alles auf, was dir in den Sinn kommt, male, kritzle, bringe alles zu Papier, und zwar ohne lang darüber nachzudenken und ohne dich selbst zu zensieren. Diese Übung hat gleich zwei positive Effekte: Zum einen sehen wir manchmal den Wald vor lauter Bäumen nicht. Indem du alle Gedanken und Gefühle aufschreibst, die dir durch den Kopf schwirren, schaffst du Platz dafür, dich mit den wichtigen persönlichen Fragen zu beschäftigen. Gleichzeitig sind deine Notizen ein Spiegel deiner Seele und auf deinem Zettel steht wahrscheinlich, was dich momentan am meisten beschäftigt. Das hilft dir herauszufinden, wohin du deine Energie momentan steckst, und unterstützt dich dabei, manche Handlungen und Aktivitäten zu hinterfragen und wieder mehr in Balance zu kommen.

Intuitiv kommunizieren

Praktiziere diese Übung einen Tag lang. Der Vormittag ist für die Intuition reserviert, der Nachmittag für die Vernunft.
Der intuitive Vormittag: Sage alles so, wie es dir intuitiv in den Sinn kommt. Also beispielsweise: „Dabei habe ich ein ungutes Gefühl", „Gerne, sofort" oder „Das passt mir jetzt nicht". Überlege nicht lang, was die „richtige" oder „angemessene" Reaktion wäre, handle und kommuniziere spontan. Wie ist dir dabei zumute? Wie haben die anderen reagiert?
Der vernünftige Nachmittag: Antworte erst nach einer gewissen Bedenkzeit. Überlege, welche Reaktion die beste wäre, und handle erst dann. Wie reagieren die anderen? Wie fühlst du dich?
Lasse abends deinen Tag vor deinem inneren Auge Revue passieren. Wie hat sich der Vormittag und wie der Nachmittag angefühlt? Was waren die Unterschiede und womit hast du dich wohler gefühlt?

Clemens Schattschneider

SNOWBOARD-FREESTYLE-WELTCUPSIEGER, JUNIOREN-WELTMEISTER, COACH

Stell dir vor, du bist für die olympischen Spiele qualifiziert, aber ein paar Wochen vor den Wettkämpfen spürst du, es macht für dich keinen Sinn, daran teilzunehmen. Dein Sport bereitet dir einfach keine Freude mehr und, egal was Familie und Freunde sagen, du ziehst einen Schlussstrich und beginnst ein neues Kapitel. Für dich.

„Ich versuche mir jeden Tag bewusst zu machen, was ich alles habe, wie gut es mir geht, wie schön das Leben ist. Und genau das versuche ich auch weiterzugeben", sagt Clemens Schattschneider gleich zu Beginn unseres Gesprächs. Clemens strotzt vor Energie und grinst breit von einem Ohr zum anderen. Er ist ein Ausnahmesportler, mit ihm zu sprechen berührt, bewegt und motiviert. Als Österreichs erfolgreichster Freestyle-Snowboarder sollte er eigentlich 2018 zu den Olympischen Spielen fahren aber anstatt um Gold zu kämpfen, hat er sich nach einer persönlichen Krise zurückgezogen und begonnen, für sich selbst zu kämpfen, um sein Strahlen und Lächeln wiederzufinden. Heute ist er als Coach tätig. „Mein Antrieb ist es, den Menschen zu zeigen, dass sie alles schaffen können, wenn sie auf ihr Innerstes hören und ihren Weg gehen." Genau das hat er selbst auch getan, konsequent und mutig.

»Erst wenn der Leidensdruck zu groß ist, wollen wir etwas ändern. Mein Ziel ist es, es gar nicht so weit kommen zu lassen.«

Clemens, deine Karriere ist lange Zeit wie am Schnürchen gelaufen. Es hat einfach alles gepasst ...

Stimmt, ich bin mit 15 ins Leistungssportzentrum nach Schladming gegangen. Dort habe ich mich auf Anhieb wohlgefühlt. Nach einem Jahr war ich im ÖSV-Kader, mit 16 bin ich bei den ersten FIS-Wettkämpfen gestartet, mit 19 wurde ich Slopestyle-Junioren-Weltmeister und habe den Big Air Weltcup gewonnen. Es ist einfach alles aufgegangen.

... bis sechs Wochen vor den Olympischen Spielen in Sotschi. Da hast du dich zum ersten Mal schwer verletzt.

Ich habe mir das Schlüsselbein gebrochen und die Hüfte verletzt. Ich weiß es noch wie heute, ich bin im Krankenwagen gesessen und habe mir gedacht: So soll es mir nie wieder gehen. Bis dahin hab ich mich gefühlt wie ein unzerstörbarer Superheld. Diese Verletzung hat alles in ein anderes Licht gesetzt. Plötzlich bin ich mir der Endlichkeit des Lebens bewusst geworden und ich habe mich gefragt, warum ich Tag für Tag mein Leben

riskiere. Ich habe nach dieser Verletzung sehr schnell wieder zu trainieren begonnen und bin auch zu den Olympischen Spielen gefahren, aber in mir drinnen ist etwas zerbrochen.

Nach den Spielen hast du deine Snowboard-Karriere erst mal zur Seite geschoben und bist in die USA gegangen.

Dort habe ich mehrere Ausbildungen gemacht, auch eine Yogaausbildung, aber ich habe ich mich extrem unwohl gefühlt. Ich habe mich von Fast-Food- zu Fast-Food-Lokal gegessen, habe Freunde und Familie vermisst und mich einfach unglaublich allein gefühlt. Also bin ich wieder zurück nach Österreich, zurück aufs Snowboard. Ich konnte mich auch wieder für Olympia 2018 qualifizieren. Nur habe ich mich seit meiner ersten schweren Verletzung immer wieder verletzt. Ich habe an den schönsten Orten der Welt trainiert, aber in mir drin hab ich mich allein, zerbrechlich und kaputt gefühlt. Ich habe versucht, mich mit der bunten, ausgelassenen Snowboard-Welt im Außen zu identifizieren, nur das hat nicht geklappt. Mein Kopf hat blockiert. 2017 sind dann familiäre Probleme dazugekommen. Ich war auf Trainingslager und konnte einfach nicht mehr. Ich hatte einfach überhaupt keine Freude mehr am Snowboarden. Also habe ich meinen ÖSV-Chefcoach angerufen und ihm gesagt: ‚Ich fahre nicht zu den Spielen, ich will nach Hause, es ist genug.' Freunde und Familie wollten mich überreden, doch teilzunehmen, aber mein Entschluss stand fest. Ich bin unendlich dankbar für meine Sportlerkarriere, aber ich musste für mich selbst wieder Freude am Leben finden.

Du hast den Leistungssport also losgelassen und deine Lebensfreude wiedergefunden?

Das war eine ganz bewusste Entscheidung für mich. Als Coach versuche ich jetzt auch genau das zu vermitteln. Hinterfragt eure Handlungen – warum tut ihr, was ihr tut? Mir geht es vor allem um das richtige Mindset, alles andere kommt dann von selbst, egal ob es ums Abnehmen, um sportliche oder berufliche Ziele geht. Die größte Angst, die wir Menschen haben, ist, wir selbst zu sein. Legen wir unsere äußere Schale ab und stehen zu uns selbst, können wir aus uns rausholen, was wirklich in uns steckt. Sport, Ernährung, Erholung und Bewusstsein, das sind die vier Säulen, auf die mein Leben aufgebaut ist, daraus ziehe ich meine Energie. Aber am wichtigsten ist für mich die Kopfarbeit, mein Warum zu kennen. Wenn ich weiß, warum ich etwas mache, dann ergeben meine Handlungen Sinn und ich kann mein Leben in Balance und mit Freude leben.

Glück ist für mich etwas, das mir nicht passiert, sondern etwas, an dem ich arbeite. Oft gehen wir einfach einen Schritt nach dem anderen und hinterfragen unsere Handlungen nicht, wir wachsen in Situationen, aus denen wir irgendwann keiner Ausweg mehr finden. Und erst wenn der Leidensdruck zu groß ist, wollen wir etwas ändern. Mein Ziel ist es, es gar nicht so weit kommen zu lassen. Wenn man sich seiner eigenen Werte bewusst ist und wieder mehr ins Fühlen kommt, braucht man keine Disziplin oder Motivation. Man hat jeden Morgen die Wahl, sein Leben so zu leben, wie man es sich vorstellt – voller Energie und mit einem Lächeln im Gesicht.

»Man hat jeden Morgen die Wahl, sein Leben so zu leben, wie man es sich vorstellt.«

ENERGIEQUELLE LIEBE & GEMEINSCHAFT

Nichts gibt uns mehr Kraft und Energie als Liebe. Liebe und Hingabe sind Motoren, die nie ins Stottern kommen. Möchtest du deine innere Sonne mit Energie aufladen, dann pflege deine Freundschaften und Beziehungen.

Sind wir verliebt, haben wir das Gefühl, wir könnten Berge versetzen. Und halten wir unser eigenes Baby zum ersten Mal in den Armen, spüren wir: Wir werden dieses kleine Lebewesen beschützen und umsorgen mit der Überzeugungskraft einer Löwenmutter oder eines Löwenvaters. Auch für unseren Energiehaushalt und unser Leistungsvermögen spielen Beziehungen eine wichtige Rolle. Ein Streit mit einer Freundin kann uns schwer belasten, und wir alle kennen das Gefühl, wenn uns Probleme in der Partnerschaft den Schlaf rauben, aber auch wie entspannt und glücklich wir im Kreis unserer engsten Vertrauten sind. Wenn wir uns einfach fallen lassen können und wissen, wir werden aufgefangen und unterstützt. Wenn wir uns mit Menschen umgeben, die wir mögen, dann schüttet unser Gehirn Glückshormone aus. Diese Endorphine sorgen nicht nur dafür, dass wir uns augenblicklich wohl fühlen, sie verbessern auch unsere kognitiven Fähigkeiten. Wir können also Informationen besser aufnehmen und verarbeiten.

Gerade wenn du das Gefühl hast, dein Energiehaushalt ist in eine Schieflage geraten, achte besonders darauf, Energievampiren aus dem Weg zu gehen. Umgib dich mit Menschen, von denen du weißt, sie geben dir mehr Kraft, als sie dir zu nehmen. Energievampire laugen dich aus und schwächen dich noch mehr. Manche sind ganz einfach zu erkennen, andere tarnen sich gut.

⊙ **Der Narzisst** steht gerne im Mittelpunkt und interessiert sich kaum bis gar nicht für sein Gegenüber. Er braucht ständige Aufmerksamkeit und Anerkennung. Er bestimmt leidenschaftlich gerne über andere Menschen, Empathie fehlt ihm völlig.

- ⊙ **Der Perfektionist** ist jemand, der anscheinend immer alles perfekt macht. Oft stehlen dir diese Personen die Aufmerksamkeit, indem sie Dinge besser machen als du. Das ist aber oft nur ein Trugbild, denn in Wirklichkeit sind sie sehr verunsichert und sehnen sich nach Anerkennung.

- ⊙ **Der Hobbypsychologe** weiß über alles und jeden Bescheid und hat das meiste schon selbst erlebt. „Das kenn ich" oder „Ich weiß, was du jetzt brauchst" sind seine Standardfloskeln, oft hat er sofort eine Diagnose parat und er hat natürlich immer recht.

- ⊙ **Der Schnorrer** nutzt die Großzügigkeit seiner Mitmenschen aus. Er fragt ständig nach Gefallen, die andere Personen ihm oft nicht ausschlagen wollen. Wenn du ihn allerdings um etwas bittest, dann findet er immer neue Ausreden.

- ⊙ **Das Opfer** ist eine Person, die immer wieder darüber redet, wie schlecht es ihr geht. Pausenlos stellt sie sich als Opfer dar und beklagt sich über etwas. Diese Art von Energievampir bekommt seine Energie durch Mitleid und die Hilfsbereitschaft anderer Menschen.

Vielleicht hast du beim Lesen der Beschreibungen der verschieden Typen sofort die eine oder andere Person aus deinem Umfeld im Kopf. Nicht jeder dieser Personen kannst du dauerhaft aus dem Weg gehen, aber es gibt Möglichkeiten, sie abzuwehren.

- ⊙ Zeige deinen Mitmenschen, dass du Grenzen hast und sag auch mal „Nein".

- ⊙ Gehe nicht auf jede Bemerkung des Energievampirs ein, zeige, dass du nicht an Dingen interessiert bist, die dir Energie rauben.

- ⊙ Suche dir Verstärkung von einem durch und durch positiven Menschen, wenn du Zeit mit Energievampiren verbringen musst.

- ⊙ Biete deine Hilfe an. Wenn dein Gegenüber sie nicht annehme möchte, dann nimm Abstand, auch das schützt dich.

So wichtig es für dein Wohlbefinden ist, Distanz zu negativen Menschen zu halten, so wichtig ist es auch, Nähe und Verbundenheit zu spüren zu Menschen, die dir guttun. Und damit meine ich jetzt nicht nur deinen Partner, deine Partnerin oder deine engste Familie. „Die Freundschaft gehört zum Notwendigsten in unserem Leben. In Armut und im Unglück sind Freunde die einzige Zuflucht. Doch die Freundschaft ist nicht nur notwendig, sondern auch schön!", hat Aristoteles schon vor 2000 Jahren geschrieben. Und ja, es stimmt auch heute noch: Freundschaften wirken sich positiv auf Körper und Seele aus. Eine australische Studie zeigt sogar, dass, wer von guten Freunden umgeben ist, eine höhere Lebenserwartung hat. Eine Schlüsselrolle für diese positive Wirkung spielt das „Kuschel-Hormon" Oxytocin, das in Momenten von Vertrautheit verstärkt gebildet wird. Oxytocin wirkt doppelt: Es bringt Stress und Angst in sozialen Situationen unter Kontrolle, indem es die Ausschüttung des Stresshormons Cortisol hemmt und das Belohnungszentrum stimuliert. Freunde haben anscheinend eine wichtige Entlastungsfunktion. Natürlich verändern sich Freundschaften wie auch Beziehungen in unserem Leben, sie brauchen Pflege und müssen reifen. Aber gerade in Krisenzeiten wird uns der Wert von ehrlichen, tiefen Freundschaften immer wieder bewusst. Verbringen wir Zeit mit Menschen, die wir von ganzem Herzen gern haben, erscheint unser Leben bunter, wärmer, schöner.

Gerade Freundschaften können uns unglaublich viel Kraft geben und noch mehr: Unsere Freunde helfen uns, zu dem Menschen zu werden, der wir sind, zu uns zu stehen, uns zu entdecken. Während unsere Familie oft eine unvollständige oder eingeschränkte Vorstellung von unserer Persönlichkeit hat, haben unsere Freunde meist viel mehr Einblick. Freundschaften zeigen positive, wertvolle und sympathische Züge an uns auf, die unserer Familie vielleicht verborgen bleiben. Freunde ermutigen uns, zu einer anderen Meinung zu stehen, einen Beruf zu erlernen, der in unserer Familie vielleicht nicht gut angesehen ist, uns in Liebesabenteuer zu stürzen, oder Reisen anzutreten, die wir alleine nie wagen würden. In Freundschaften liegt Stärke, die es uns möglich macht, unser Selbstbild zu erweitern. Die Freundschaft ist also an sich eine Ressource und bringt zudem die in uns vorhandenen Ressourcen hervor.

Die Liebe ist die stärkste Lebensenergie überhaupt. Wer diese Energie nicht pflegt, wird versuchen, sie aus anderen Quellen zu schöpfen: Karriere, Macht, Geld oder Kicks jeglicher Art, aber all das sind keine wirklich überzeugenden Alternativen. Gesünder ist es, die Liebe zu erlernen und zu leben. Die zwei großen Gefühle, von denen unsere Handlungen geprägt sind, sind entweder Angst oder Liebe. Ängste halten uns zurück, Ängste machen uns unsicher, Ängste blockieren uns. Entscheiden wir uns aber für die Liebe, öffnen sich neue Welten. Liebe, die wir uns selbst entgegenbringen, Liebe für unseren Partner, unsere Partnerin, unsere Familie und Freunde. Begegnen wir unseren Mitmenschen und uns selbst liebevoll, werden wir meist auch genauso wertschätzend aufgenommen.

Vielleicht gibt es jemanden in deinem Leben, von dem du weißt, er würde dir unglaublich guttun, aber irgendwie habt ihr euch aus den Augen verloren oder durch ein Missverständnis den Draht zueinander verloren. Auf einem Yoga-Retreat habe ich ein ganz wunderbares Ritual aus Hawaii kennengelernt. Vielleicht motiviert es dich, zum Telefonhörer zu greifen und eine Verbindung wieder aufzunehmen.

ÜBUNG

Ho'oponopono

Laut Überlieferung haben die Ureinwohner Hawaiis das Ho'oponopono vor allem in der Familie angewendet, um Streitigkeiten sofort zu „zerschlagen" beziehungsweise sie auf schnellstem Weg friedlich zu klären. Sie haben sich an einen Tisch gesetzt und jeder musste das Ho'oponopono sprechen, dabei an die Person denken, auf die er böse war und ihr aus vollstem Herzen verzeihen.

Ho'oponopono funktioniert eigentlich ganz simpel. Du denkst an die Person, die dir so wichtig ist. Du stellst dir vor, wie sie vor dir steht und sagst im Stillen drei Sätze: „Es tut mir leid. Ich liebe dich. Ich danke dir." Es heißt, so nimmst du deinen eigenen negativen Gedanken und jenen deines Gegenübers die Kraft.

Übrigens: Ho'oponopono funktioniert auch hervorragend bei uns selbst. Auch Selbstliebe muss man lernen und pflegen. Die Fähigkeit, sich selbst zu verzeihen und Dankbarkeit bewusst zu empfinden ist eine Qualität, die unser ganzes Leben bereichert.

ENERGIEQUELLE SINN

Ohne einen Sinn erscheint uns unser Leben leer und bedeutungslos, ganz egal wie viel wir erreichen oder wie erfolgreich wir in den Augen anderer sind. Glück und Sinn gehören zusammen wie Bud Spencer und Terence Hill, wie Kino und Popcorn oder wie Sonntag und Tatort.

Sobald wir Menschen uns mit etwas beschäftigen, das für uns Sinn macht, können wir daraus Lebenskraft schöpfen. Wir beginnen uns selbst als wertvoll zu empfinden. Dadurch sind wir weniger angewiesen auf Leistungsbestätigung von außen. Lebenszufriedenheit stellt sich ganz automatisch ein, wenn du das tust, was für dich selbst sinnvoll scheint. Dabei ist die Frage nach dem Sinn des Lebens so alt wie die Menschheit. Philosophen, Dichter, Psychologen – sie alle haben mit der Frage nach dem Warum tausende Bücher gefüllt. Die moderne Resilienzforschung geht der Frage nach, was den Menschen auch unter schwierigen Bedingungen psychisch stabil hält. Dabei wurde unter anderem erkannt, dass ein Mensch, der einen Sinn im Leben erkennt, die Lebensfreude und -kraft gewinnt, um Krisen gestärkt zu meistern.

3 WEGE, SINN BEWUSST WAHRZUNEHMEN

 1. Sinn erleben

Du kennst das Erleben bei einer Wanderung in der Natur. Was dein Auge sieht, erfreut auch dein Herz. Der Satz „Es ist gut" steigt in dir auf und du erlebst einen sinnvollen Augenblick. Manchmal entlockt uns die prachtvolle Natur ein aufrichtiges Staunen. Dieselbe Wirkung hat auch die Kraft der Kunst. Denke nur an das Glücksgefühl, das sich beim Livekonzert deiner Lieblingsband einstellt.

 2. Sinn erschaffen

Du kannst Sinn auch finden, indem du etwas gestaltest, etwas schaffst. Das kann ein kreatives Werk sein oder auch ein Kuchen für die Familie.

3. Sinn erfahren

Es gibt sie, diese Situationen, die du nicht ändern kannst. Da ist es hilfreich, die Einstellung, die Haltung zu dem Ereignis ganz bewusst zu wählen, denn das Ereignis selbst kannst du nicht ändern. Es ist die Stärke des Annehmens, die dich schwierige Phasen aushalten lässt. Und mehr noch: Nimmst du dir ganz bewusst die Zeit, auch Herausforderungen und Schwierigkeiten mit Achtsamkeit zu erleben, ergeben gerade diese Situationen Sinn. Gib der Dankbarkeit dafür Raum!

Sinn und persönliche Werte geben uns Orientierung und Halt. Wenn wir klar vor Augen haben, wofür wir etwas tun, bekommen wir einen langen Atem, können Krisen überstehen und überspringen so manche Hindernisse. Wenn wir unser Warum kennen, fließt die Energie fast von allein.

ÜBUNG

Lebensaufgabe erkennen

Für diese Übung brauchst du nichts weiter als einen ruhigen Ort, ein Blatt Papier, einen Stift und 30 Minuten Zeit.

1. Gehe an einen Ort, an dem du völlig ungestört bist und deinen Gedanken freien Lauf lassen kannst.
2. Lege das Blatt Papier auf den Tisch und nimm den Stift zur Hand.
3. Schreibe eine einzige Frage auf: Was ist meine Lebensaufgabe?
4. Schreibe deine Antwort so einfach und klar auf, wie es dir möglich ist. Versuche nicht daran zu denken, was andere von dir erwarten, sondern schreibe die Antwort auf, die aus deinem Herzen kommt. Die Antwort darf dir die Tränen in die Augen treiben, denn sie kommt aus deinem tiefsten Inneren, egal was Eltern, Lehrer oder Bekannte dir im Laufe deines Lebens gesagt haben.

Sobald du deine Antwort aufschreibst, befreist du dich mehr und mehr von Erwartungen und Verpflichtungen. Dein Geist wird freier und klarer, bis du deine innere Stimme und dein Herz gut hören kannst.

Soul-Food-Rezepte für mehr Energie

Gesundes Soul-Food erfreut das Auge, duftet nach Genuss und schmeckt einfach himmlisch. Meine Rezepte machen nicht nur glücklich, sie stärken deinen gesamten Körper und schenken dir neue Energie.

»

Essen und Trinken hält Leib und Seele zusammen.

«

SOKRATES

SOUL-FOOD-REZEPTE FÜR MEHR ENERGIE

Soul-Food-Speisen sind für mich Gerichte, deren Duft allein Glückshormone ausschüttet, deren Farben mich vor Vorfreude grinsen und deren Geschmacksnuancen mich anschließend völlig dahinschmelzen lassen.

Ganz bewusst verzichte ich seit Jahren auf entzündungsfördernde Lebensmittel wie Milch oder Fleisch, auf industriell verarbeiteten Zucker und auch auf weißes Weizenmehl. Stattdessen setze ich auf eine Basis aus saisonalem Gemüse und Obst.

Indem du Nahrung wählst, die nicht nur vermeintlich gesund ist, sondern dir wirklich guttut, förderst du dein körperliches und psychisches Wohlbefinden. Lebensmittel, die uns Energie spenden, anstatt unseren Körper zu belasten, sind frisch, nährstoffreich und leicht verdaulich. Grundsäulen meiner Soul-Food-Küche sind deswegen Vollkorngetreide, frisches, saisonales und regionales Obst und Gemüse, Hülsenfrüchte, Kräuter und Gewürze. Lebensmittel, die uns besonders viel Energie schenken, sind meist unbehandelt und unbelastet, also aus biologischem Anbau oder – wenn möglich – sogar selbst angebaut. Sie haben einen intensiven und köstlichen, sogar leicht süßlichen Eigengeschmack, sind reif, saftig, knackig, sehen frisch aus und habe eine tolle Textur und Farbe sowie eine dünne Schale.

Genauso wichtig wie das Wissen um den Nährstoffgehalt von Lebensmitteln ist jenes über die Verdauung. Viele Ernährungslehren empfehlen rohe und weitgeherd unbehandelte Speisen, um zu gewährleisten, dass noch alle Vitamine oder Spurenelemente erhalten bleiben. Ich habe festgestellt, dass mir warme, gekochte Speisen einfach besser bekommen. Auch wenn durch das sanfte Dünsten oder Kochen vielleicht ein paar Vitalstoffe verloren gehen – warme Mahlzeiten kann mein Körper einfach besser verarbeiten. Vielleicht geht es dir genauso. Am besten du probierst es einfach mit mir gemeinsam aus!

Reif, saftig, knackig, frisch, bio – so sind die Lebensmittel, die ich für meine Rezepte verwende.

HEALTHY POWER-FRÜHSTÜCK

Das richtige Frühstück leistet einen entscheidenden Beitrag, um
mit mehr Energie in den Tag zu starten und voller Power zu bleiben.
Meine ausgewogenen Frühstücksrezepte versorgen dich nicht
nur schnell, sondern auch anhaltend mit Energie und bringen deinen
Stoffwechsel in Schwung.

Porridge

MIT GEBRATENER ZIMT-BANANE UND KOKOS-JOGHURT

Gebratene Bananen schmecken einfach nach Urlaub und machen auf der Stelle glücklich. Noch dazu gibt die Zimt-Bananen-Kombination jede Menge Energie. Die Haferflocken halten dich lange satt. Die Mandeln liefern Eiweiß und Kokos Kalium, Kalzium, Magnesium und Phosphor. Dieser Porridge ist nicht nur köstlich, er macht dich auch fit für körperliche Höchstleistungen.

DU BRAUCHST FÜR 2 PORTIONEN:

250 ml Kokosdrink
80 g Haferflocken
2 Bananen
2 TL Kokosöl
1 Prise Zimt
1 EL Mandeln
80 g Kokos-Joghurt
2 EL Mandelmus

Den Kokosdrink in einem kleinen Topf erhitzen, die Haferflocken ca. 5 Min. bei kleiner Hitze darin köcheln lassen immer wieder umrühren. Bananen schälen und längs halbieren. Das Kokosöl in einer Pfanne erhitzen und die Bananenhälften von beiden Seiten anbraten. Danach mit Zimt bestreuen. Die Mandeln klein hacken. Den Porridge auf zwei Schüsseln aufteilen, mit Kokos-Joghurt, Mandelmus, gehackten Mandeln und den gebratenen Bananenhälften anrichten.

Overnight Oats

MIT BROMBEER-CHIA-KOMPOTT

Haferflocken mit Chia-Samen sind der Schlüssel zu einem ausgewogenen Frühstück, das Energie liefert und Heißhungerattacken verhindert. Die Brombeeren bringen neben einer Süße noch eine satte Farbe in deine Frühstücksflocken. Brombeeren enthalten wenig Zucker und sind reich an Ballaststoffen, die deine Darmflora und dein Immunsystem unterstützen.

DU BRAUCHST FÜR 2 PORTIONEN:

150 g Haferflocken
250 ml Mandelmilch
4 EL Chia-Samen
125 g Brombeeren
1 EL Honig (plus mehr zum Süßen)
1 EL Zitronensaft

Du beginnst am besten am Vortag: In einer Schüssel die Haferflocken mit Mandelmilch und 2 EL Chia-Samen vermischen (nach Bedarf mit etwas Honig süßen). Für das „Kompott" die Brombeeren zusammen mit Honig und Zitronensaft in eine Schüssel geben. Mit einer Gabel zerdrücken, bis eine Art Brei entsteht. Danach die restlichen Chia-Samen untermischen. Kompott sowie Haferflockenmischung abgedeckt in den Kühlschrank stellen und für etwa 2 Stunden oder über Nacht quellen lassen. Anschließend in einem Glas jeweils etwas Brombeerkompott und Haferflockenmischung übereinanderschichten.

Erdbeer-Glow-Bowl
MIT KOKOSFLOCKEN

Diese köstliche Erdbeer-Bananen-Smoothie-Bowl ist das perfekte Frühstück für Erdbeer-Fans, geht aber auch locker als Dessert durch. Der Vitamin-C-Gehalt von Erdbeeren ist viel höher als der von Zitrusfrüchten oder Kiwis. Schon 150 Gramm decken den Tagesbedarf eines Erwachsenen. Die rote Frucht ist zudem randvoll mit Antioxidantien. Das macht sie zu wahren Energiebomben und Anti-Aging-Mitteln. Erdbeeren stoppen den Alterungsprozess der Zellen, glätten Falten, machen Herz, Hirn, Augen und Muskeln leistungsstark und helfen gegen Müdigkeit. Bananen enthalten viel Fruchtzucker, weshalb sie vor allem im Sport als schnelle Energielieferanten beliebt sind. Sie sind auch reich an Kalium, enthalten daneben auch Magnesium und Vitamin B6. Vitamin B6 spielt eine Rolle im Eiweißstoffwechsel. Kalium ist unentbehrlich für Muskeln, Nerven und das Herz.

DU BRAUCHST FÜR 2 PORTIONEN:
2 Bananen
500 g Erdbeeren
2 EL Kokosflocken
2 TL Leinsamen
etwas frische Minze

Los geht es am Vorabend! Eine Banane in Stücke schneiden und ab damit in den Tiefkühler. Morgens dann die Erdbeeren waschen, den Stielansatz entfernen – einige zum Garnieren zur Seite legen –, den Rest mit der gefrorenen Banane und einer Hälfte der anderen Banane mixen, bis eine Creme entsteht. Die Erdbeer-Bananen-Creme auf zwei Schüsseln oder Gläser verteilen und mit den restlichen Erdbeeren und Bananenstücken garnieren. Kokosflocken und Leinsamen darüberstreuen Zum Schluss etwas Minze drauf. Sofort genießen!

BUNTE GLÜCKS-SUPPEN

Warm tut unserem Körper gut – das hat schon meine Oma immer zu mir gesagt, als ich klein war. Im Winter wärmt uns eine Gemüsesuppe, im Sommer ist sie, weil sie mit Körpertemperatur in den Bauch gelangt, besonders bekömmlich. Egal ob als Mittagssnack oder leichtes Abendessen – für mich sind basische Gemüsesuppen flüssiges Glück.

DÄNISCHE
Tomatensuppe

Meine Freundin Maria hat sehr lange in Kopenhagen gewohnt und jedes Mal, wenn ich sie besucht habe, waren wir im wunderbaren Café Norden, wo ich eine köstliche Tomatensuppe mit einem knusprigen Stück Schwarzbrot verdrückt habe. Wieder zuhause habe ich so lange experimentiert, bis ich den Geschmack hinbekommen habe.

DU BRAUCHST FÜR 4 PORTIONEN:
½ Zwiebel
100 g Karotten
100 g Kartoffeln
1 Bund Suppengrün
20 g Ingwerwurzel
1 EL Olivenöl
2 Dosen Tomaten (800 g)
3 EL Tomatenmark
Salz & Pfeffer

Das frische Gemüse bei Bedarf schälen oder putzen und klein schnipseln. In einem großen Topf die Zwiebel in Olivenöl anbraten, Karotten, Kartoffeln, Suppengrün und Ingwer dazugeben. Mit 1 Liter Wasser aufgießen und weich kochen. Tomaten aus der Dose und Tomatenmark dazugeben, nach Geschmack würzen. Das Süppchen mixen. Wer mag, gibt noch Kräuter nach Geschmack drauf. Brot dazu servieren, fertig, futtern.

WÜRZIGE VEGANE
Kürbissuppe mit Curry

Kürbis ist einfach herrlich – egal ob aus dem Ofen oder als Suppe. Ein absoluter Liebling ist diese würzige Hokkaido-Kürbissuppe mit Curry und einem Schuss Kürbiskernöl. Nichts wärmt an kalten Herbst- oder Wintertagen besser!

DU BRAUCHST FÜR 4 PORTIONEN:
1 kleinen Hokkaido-Kürbis (ungeschält ca. 1 kg)
2 Karotten
1 Zwiebel
20 g Ingwerwurzel
1 EL Kokosöl
1 EL Currypulver
1 TL Kurkumapulver
1 kleines Stück frische Chilischote (nach Geschmack)
800 ml Gemüsebrühe
etwas Salz
etwas Kürbiskernöl

Kürbis und Karotten waschen und in grobe Stücke schneiden. Zwiebel und Ingwer schälen und würfeln. Die Zwiebel- und Ingwerwürfelchen im Kokosöl glasig dünsten. Curry und Kurkuma kurz mitrösten, dann die Kürbisstücke, Karotten und die Chilischote dazugeben, mit Gemüsebrühe aufgießen und ca. 15 Min. köcheln lassen. Cremig mixen. Mit Salz abschmecken. Mit Kürbiskernöl anrichten und genießen.

ORIENTALISCHE
Karotten-Ingwer-Suppe
MIT GRANATAPFELKERNEN

Diese Karotten-Ingwer-Suppe ist schnell und einfach gemacht und bringt mächtig Farbe in die Suppenschüssel! Getoppt mit Koriander, Minze und Granatapfelkernen einfach unschlagbar.

DU BRAUCHST FÜR 4 PORTIONEN:
250 g Karotten
250 g Süßkartoffel
1 Zwiebel
1 Knoblauchzehe
10 g Ingwerwurzel
1 EL Kokos- oder Olivenöl
400 ml Gemüsebrühe
½ TL Paprikapulver, rosenscharf
Salz & Pfeffer
1–2 EL Zitronensaft
Granatapfelkerne
Koriander und/oder Minze
100 ml Kokosmilch

Zuerst das Gemüse vorbereiten: Karotten und Süßkartoffel putzen und in grobe Stücke schneiden. Zwiebel, Knoblauch und Ingwer schälen und klein würfeln. Die Zwiebelwürfelchen im Kokos- oder Olivenöl glasig dünsten. Das restliche vorbereitete Gemüse dazugeben, mit Gemüsebrühe ablöschen und ca. 10 Min. köcheln lassen (bzw. bis das Gemüse gar ist). Cremig mixen. Letzter und wichtigster Schritt: Mit Salz, Pfeffer und gegebenenfalls ein wenig Zitronensaft abschmecken. Jetzt nur noch in Schüsseln umfüllen und mit den grob gehackten frischen Kräutern, Granatapfelkernen und ein wenig Kokosmilch anrichten und genießen.

KNALLGRÜNE CREMIGE
Erbsensuppe

Diese Suppe ist unheimlich schnell gemacht und kann sich problemlos zum Hit aus dem Vorrat mausern. Erbsen aus dem Tiefkühler, Gemüsebrühe, Zwiebel, Apfelessig, etwas Salz und Pfeffer. Erbsen enthalten hochwertiges Eiweiß, reichlich Ballaststoffe und zahlreiche Vitamine und Mineralstoffe.

DU BRAUCHST FÜR 4 PORTIONEN:
2 Zwiebeln
1 EL Olivenöl
500 g TK-Erbsen
600 ml Gemüsebrühe
2 EL Apfelessig
1 TL Meersalz
schwarzen Pfeffer aus der Mühle
gemischte Kräuter (TK oder frisch)

Zwiebeln schälen, klein würfeln und in etwas Olivenöl bei mittlerer Hitze glasig dünsten. Die gefrorenen Erbsen dazugeben, mit Gemüsebrühe ablöschen und ca. 5 Min. köcheln lassen (bzw. bis die Erbsen gar sind). Dann würzen und alles ca. 60 Sekunden cremig mixen. Mit Salz, Pfeffer und Apfelessig abschmecken. Jetzt nur noch in Schüsseln umfüllen, mit Kräutern anrichten und genießen.

LUNCH-IDEEN FÜR MEHR ENERGIE

Es ist Zeit für deine Mittagspause und du fühlst dich schlapp, müde und überhaupt nicht in der Lage, jetzt noch einen halben Tag lang konzentriert weiterzuarbeiten. Diese Rezepte geben dir Energie für die zweite Tageshälfte.

BUNTES

Veganes Chili sin carne

Veganes Chili sin carne mit Bohnen, Tomaten, Avocado und Kräutern ist einfach ein Traum. Die Zutaten für dieses Rezept sind gesund, glutenfrei und das Chili ist einfach zuzubereiten. Es lässt sich auch gut vorbereiten. Richtig durchgezogen schmeckt es nämlich besonders gut.

DU BRAUCHST FÜR 4 PORTIONEN:
3 Knoblauchzehen
1 rote Zwiebel
1 EL Olivenöl
2 Karotten
2 Stangen Sellerie
3 Gemüsepaprika (eine bunte Mischung aus rot und grün)
1 TL Thymian (oder Oregano)
2 TL Paprikapulver, edelsüß
Chilipulver (optional)
1 TL Salz
3 Dosen Kidneybohnen (Abtropfgewicht je 240 g)
2 Dosen gehackte Tomaten (800 g)
500 ml Gemüsebrühe
2–3 EL Limettensaft (alternativ: Zitronensaft oder Rotweinessig)
frische Kräuter
1 Avocado

Knoblauch und Zwiebel schälen, würfeln und im Olivenöl bei mittlerer Hitze andünsten. Karotten, Stangensellerie und Gemüsepaprika putzen, fein würfeln, zur Knoblauch-Zwiebel-Mischung in den Topf geben und gemeinsam braten. Die Gewürze dazugeben und ca. 1 Minute anbraten, bis es duftet. Dann die Bohnen, die gehackten Tomaten und die Gemüsebrühe dazugeben. Umrühren, aufkochen und mindestens 30 Min. köcheln lassen. Dabei immer wieder umrühren. Zuletzt mit Limettensaft abschmecken. Mit frischen Kräutern und gewürfelter Avocado garnieren.

KNUSPRIGE
Zucchini-Amarant-Puffer

Diese Puffer hast du 20 Min. in der Pfanne, in 25 Min. auf dem Teller. So lange würde eine Tiefkühlpizza auch brauchen. Aber anstatt dich müde und krank zu essen, bekommst du mit diesen Laibchen eine volle Ladung Vitamine und Mineralstoffe – und zwar gluten- und zuckerfrei.

DU BRAUCHST FÜR 4 PORTIONEN:
2 Kartoffeln
1 Zucchini
1 Zweig Thymian, Blättchen abgezupft
1 EL Buchweizenmehl
2 TL Flohsamenschalenpulver
3 EL gepufften Amarant
Salz
schwarzen Pfeffer aus der Mühle
1 Prise Muskatnuss, frisch gerieben
1 Prise Chilipulver
2 EL Olivenöl

Die Kartoffeln schälen, kochen und fein reiben. Die Zucchini waschen und grob reiben. Zucchini, Kartoffeln und die Thymianblättchen in eine Schüssel geben, Mehl, Flohsamenschalenpulver und Amarant dazugeben und mit der Hand gut durchkneten. Etwa 5 Min. ziehen lassen, dann mit Salz, Pfeffer und Muskatnuss abschmecken. Wer mag, gibt 1 Prise Chili dazu. Alles nochmals kräftig vermengen. Das Öl in einer Pfanne erhitzen, die Zucchini-Masse mit dem Löffel portionsweise in die Pfanne geben und leicht andrücken. Auf beiden Seiten 3–4 Min. goldgelb bis goldbraun braten. Anschließend auf einem mit Küchenpapier ausgelegten Teller abtropfen lassen. Zu den Puffern gibt es bei mir einen Löffel Kokos-Joghurt und eine Handvoll gewürfelte Tomaten. Köstlich!

Gemüse-Quiche

À LA SANDRA

Meine letzte Quiche hatte ich im Französisch-Unterricht in der Schule gebacken, das ist viele Jahre her und sie war mit Schinken, Eiern und Weizenmehl zubereitet. Das muss auch anders gehen, dachte ich mir. Stimmt! Vive la France!

DU BRAUCHST FÜR 4 PORTIONEN:

250 g Reismehl

150 g kalte vegane Margarine

2 EL Wasser (kalt)

1 Zwiebel

1 Knoblauchzehe

1 Aubergine

1 Zucchini

1 Paprikaschote

150 g Champignons

etwas Öl zum Anbraten

250 ml Soja-Joghurt

1 TL Senf

½ Bund Petersilie, gehackt

Salz & Pfeffer

10 Cocktailtomaten

Das Mehl mit der Margarine und 2 EL Wasser rasch zu einem glatten Teig verkneten. Anschließend 20 Min. zugedeckt kalt stellen. Den Backofen auf 220 °C vorheizen. Zwiebel, Knoblauch, Aubergine, Zucchini, Paprika und Champignons entsprechend schälen oder waschen und klein schneiden. Alles zusammen in Öl 5 Min. andünsten. Soja-Joghurt, Senf, Petersilie, Salz und Pfeffer vermengen und mit dem Gemüse mischen. Den Teig rund ausrollen und in eine gefettete Quicheform legen. Die Füllung auf dem Teig verteilen. Die Cocktailtomaten halbieren und darauflegen. Die Quiche im vorgeheizten Ofen ca. 30 Min. backen. Sie schmeckt sowohl warm als auch kalt. Dazu passt grüner Salat mit Radieschenscheiben.

Vegan Stuffed Peppers

Ihr dürft auch vegane gefüllte Paprika dazu sagen! Dazu ein frischer Salat – einfach und gut. Die Gesündeste unter den Paprikaschoten ist übrigens die rote. Mit dem zunehmenden Reifegrad wächst nämlich auch der Vitamin-C-Gehalt. Zum Vergleich: Eine grüne Paprika enthält etwa 140 mg Vitamin C, eine rote Paprika etwa 400 mg.

DU BRAUCHST FÜR 4 PORTIONEN:
100 g Vollkorn-Couscous
3 rote Paprikaschoten
1 kleine Zwiebel
1 Knoblauchzehe
1 Zucchini
½ rote Chilischote
Olivenöl
1 Dose gehackte Tomaten (400 g)
Salz & Pfeffer
½ Bund frische Petersilie, gehackt
½ Zitrone

Den Ofen auf 200 °C vorheizen. Den Couscous nach Packungsanweisung zubereiten. Die Paprika waschen, längs halbieren und entkernen. Zwiebel und Knoblauch schälen und klein würfeln. 4 Paprikahälften in eine gefettete Auflaufform legen. Die dritte Paprika, die Zucchini und die entkernte Chilischote klein würfeln. Chili, Zwiebel und Knoblauch in einer Pfanne in Olivenöl bei kleiner bis mittlerer Hitze für 5 Min. andünsten. Zucchini und Paprika dazugeben und 3 Min. mitdünsten. Dann die Hälfte der Tomaten beifügen, alles gut verrühren und 5 Min. köcheln lassen. Das Gemüse mit dem Couscous mischen, mit Salz und Pfeffer würzen und in die Paprikahälften füllen. Mit gehackter Petersilie bestreuen. Etwas Öl darüberträufeln und die Form für 15–20 Min. in den Ofen schieben. Aus den restlichen Tomaten eine kleine Sauce einkochen lassen. Nach Geschmack würzen. Die Paprika aus dem Ofen holen und mit der Tomatensauce anrichten. Mit einigen Spritzern Zitronensaft sowie zusätzlich mit frischer Petersilie bestreuen. Fertig!

Erdnusseintopf
MIT SÜSSKARTOFFELN

Dieses Rezept kommt – Tataaa! – aus Panama. In der Küche von Panama mischen sich verschiedene Einflüsse. Typische Zutaten, die schon die Indios verwendeten, sind Mais und Bohnen. Doch auch die Spanier und die US-Amerikaner, die lange im Land präsent waren, beeinflussten, was und wie gekocht wird. Das schmeckt man!

DU BRAUCHST FÜR 4 PORTIONEN:
Gemüse nach Wahl:
z.B. Zucchini, Champignons, Blattspinat, Kürbis, Mais
1 Zwiebel
3 Knoblauchzehen
2 EL Rapsöl
500 g Süßkartoffeln
1 gehäuften EL Ingwer, frisch gerieben
schwarzen Pfeffer aus der Mühle
1 Dose gehackte Tomaten (400 g)
½ TL Chilipulver
ca. 500 ml Gemüsefond
Salz
2 EL ungesalzene geröstete Erdnüsse
2 EL Erdnussbutter

Gemüse nach Wahl schälen bzw. putzen, nach Bedarf in mundgerechte Stücke schneiden. Zwiebel und Knoblauch schälen und würfeln und in einer Pfanne im Öl andünsten. Süßkartoffeln schälen, in 2–3 cm große Stücke schneiden und gemeinsam mit dem Ingwer in die Pfanne geben, bis es duftet. Pfeffer, Tomaten, Chilipulver nach Geschmack und Gemüse nach Wahl zugeben. Gemeinsam mit dem Gemüsefond aufkochen lassen, salzen und alles auf kleiner Flamme köcheln, bis die Süßkartoffelstücke weich sind. Die Erdnüsse grob hacken. Erdnussbutter unter das Gemüse rühren. 3–4 Min. weitergaren. Der Eintopf soll dickflüssig mit reichlich Sauce, also fast suppig sein. Den Eintopf auf Teller verteilen und mit Erdnüssen garnieren. Dazu passt: Reis, Couscous oder Fladenbrot.

ENERGIE-KICK-SNACKS

Hast du manchmal das Gefühl, nachmittags geht dir die Energie aus? Ich auch. Früher habe ich dann zu Kaffee, einem Energydrink oder etwas Süßem gegriffen. Heute versuche ich, gesunde Alternativen zu finden, wie etwa eine Handvoll aktivierte Mandeln, ein Stück Obst oder, wenn ich etwas mehr Zeit habe, einen Rote-Bete-Power-Smoothie oder Gemüsesticks mit selbst gemachtem Hummus.

AKTIVIERTE
süße Mandeln

Aktivieren bedeutet, die Mandeln in Wasser einzuweichen, bis sich kleine Keim-Spitzchen zeigen. In trockenem Zustand sind Nüsse und Mandeln von Mutter Natur quasi natürlich konserviert, damit sie nicht verderben. Dazu enthalten sie in trockenem Zustand spezielle Enzyme, beispielsweise Phytinsäure, die ihr Wachstum hemmen. Essen wir Nüsse im trockenen Zustand, essen wir auch diese Enzyme mit, was die Verdauung erschwert und die Aufnahme von Mineralstoffen und Spurenelementen behindern kann. Durch das Einweichen schmecken die Mandeln nicht nur besser, sie sind auch viel bekömmlicher.

DU BRAUCHST FÜR 250 GRAMM:
250 g Mandeln
2–4 Datteln
25 g Kokosflocken
1 Msp. Vanillemark

Mandeln über Nacht in Wasser einweichen. Am Morgen mit Wasser spülen und weitere 8–10 Stunden in Wasser keimen lassen. Jetzt zeigen die Mandeln bereits kleine Spitzchen und können weiterverarbeitet werden. Mandeln, deren Schalen sich leicht entfernen lassen, können von der Schale befreit werden. Datteln mindestens 2 Stunden in Wasser einweichen und mit Kokosflocken und Vanille im Standmixer zu einer Paste verarbeiten. Den Dattelmix mit den Mandeln gut vermengen und die Mandeln dann auf einem mit Backpapier ausgelegten Backblech verteilen. Im Sommer das Blech einfach in die Sonne stellen, bis die Mandeln getrocknet sind. Im Winter das Blech bei der niedrigsten Temperatur für 2–3 Stunden in den Backofen geben.

ROTE-BETE-
Power-Smoothie

Dieser Rote-Bete-Power-Smoothie glänzt nicht nur optisch: Ananas, Rote Bete, Ingwer und Zitrusfrüchte mobilisieren deine Abwehrkräfte und schenken eine große Portion Energie. Da haben Krankheitserreger keine Chance! Ein gesunder Start in den Tag ist damit eindeutig gesichert. Nicht nur die Farbe macht gute Laune, auch der Geschmack. Worauf wartest du noch? Mixer an und los geht's!

DU BRAUCHST FÜR 2 PORTIONEN:

200 g Ananas
10 g frische Ingwerwurzel
1 kleine Rote Bete, geschält, vorgegart
1 kleine Orange
1 Grapefruit
4 Eiswürfel

Die Ananas schälen und den harten Strunk herausschneiden. Die Augen entfernen. Das Fruchtfleisch würfeln. Ingwer schälen, Rote Bete grob würfeln. Alles in den Mixerbehälter geben. Die Orange schälen und komplett in den Mixer werfen. Die Grapefruit auspressen und den Saft gemeinsam mit dem Fruchtfleisch in den Mixer geben (hier verwende ich nicht die komplette geschälte Frucht, da es sonst recht bitter werden kann). Deckel drauf und 60 Sekunden mixen. Eiswürfel dazugeben und nochmals 30 Sekunden mixen. Genießen!

Lasse dich beim Kochen von Sandras Lieblingsliedern begleiten. Scanne dafür den Code und du erhältst Zugang zu **Sandras Spotify-Playlist.**

Die einfachsten Falafel der Welt
MIT 5-MINUTEN-HUMMUS

Beide Rezepte sind total easy, gehen schnell, und wenn ich schon dabei bin, mache ich die doppelte Menge auf Vorrat. Falafel und Hummus sind ein veganer Fixstarter.

DU BRAUCHST FÜR 4 PORTIONEN FALAFEL:

1 Zwiebel
2 Dosen Kichererbsen (Abtropfgewicht je 265 g)
1 TL Koriandersamen
1 TL Kreuzkümmelsamen
1 Handvoll frischen Koriander
1 Handvoll frische Petersilie
Salz & Pfeffer
1 Liter Pflanzenöl (je nach Topf reicht auch weniger)

DU BRAUCHST FÜR 4 PORTIONEN HUMMUS:

1 Dose Kichererbsen (Abtropfgewicht 265 g)
1–2 Knoblauchzehen
Saft von 1 Zitrone (plus mehr zum Abschmecken)
½ TL Salz
120 g Tahini (Sesammus, ungesalzen)
100 ml eiskaltes Wasser
1 EL Olivenöl
½ TL Kreuzkümmelpulver
frische Kräuter (Petersilie oder Koriander passen toll) oder Sesam für die Deko

Die Zwiebel schälen und grob hacken. Die Kichererbsen in einem hohen Gefäß zu Brei mixen. Die Koriander- und Kreuzkümmelsamen in einer Pfanne ohne Fett kurz anrösten, danach in einem Mörser zerkleinern. Dann zu den Kichererbsen geben, Koriander, Petersilie und Zwiebel dazugeben und mixen, bis eine homogene Masse entsteht. Mit Salz und Pfeffer abschmecken. Mit der Hand Bällchen formen und in einer Pfanne mit hohem Rand oder einem Topf im sehr heißen Öl von allen Seiten goldbraun und knusprig braten. Die Falafel sollten mindestens zur Hälfte mit Öl bedeckt sein, damit man sie nur einmal wenden muss. Je kleiner die Bällchen, desto schneller werden die Falafel gar. Die Falafel auf Küchenrolle abtropfen lassen. Gleich essen oder ab in den Kühlschrank.

Die Kichererbsen aus der Dose durch ein Sieb abgießen. Dabei 50 ml Kichererbsenwasser auffangen und ein paar Kichererbsen als Deko aufbewahren. Alles beiseitestellen. Die Knoblauchzehe(n) schälen. Den Zitronensaft, den Knoblauch und das Salz glatt mixen. Dann Tahini dazugeben und nochmals ordentlich mixen. Langsam das kalte Wasser und das Kichererbsenwasser in die laufenden Messer gießen. Im letzten Schritt die Kichererbsen, das Olivenöl und den Kreuzkümmel beifügen und mind. 3 Min. mixen, bis eine cremige, zarte Masse entsteht. Mit Salz und Zitronensaft abschmecken. Sollte der Hummus zu dick geraten sein, noch etwas kaltes Wasser dazumixen. Zum Servieren den Hummus nach Belieben mit Olivenöl beträufeln und mit Toppings wie Kichererbsen, Sesam oder Kräutern dekorieren. Dazu passen Cracker, Fladenbrot oder Gemüsesticks.

LEICHT UND GUT: DINNER TIME

Nach einem langen und stressigen Arbeitstag sehne ich mich abends nach einem wärmenden Seelenschmeichler. Deftiges Essen liegt mir häufig schwer im Magen und lässt den wohlverdienten Feierabend auf der Couch dann alles andere als entspannt werden. Soul-Food geht aber auch anders! Mein Geheimnis für einen gesunden und wohltuenden Feierabend lautet: schön viel Gemüse.

Linsenlaibchen

MIT GURKENSALAT

Diese kleinen Laibchen schmecken sowohl warm als auch kalt. Die Linsen kann man super vorkochen, so hält sich der Aufwand in Grenzen. Dafür gibt es ein tolles leichtes Hauptgericht. Mein Favorit dazu: frischer Gurkensalat.

DU BRAUCHST FÜR 4 PORTIONEN:
300 g rote Linsen
1 Zwiebel
½ Bund Petersilie
1 Gurke
200 g Soja-Joghurt
2 EL Olivenöl
2 EL Essig
Salz & Pfeffer
1 EL Dill, fein gehackt
4 EL Dinkelmehl
1 TL Paprikapulver
½ TL Kreuzkümmelpulver
3 EL Öl zum Braten

Die Linsen nach Packungsanleitung kochen. Die Zwiebel schälen und fein hacken, die Petersilie waschen, trocken schütteln, die Blättchen ebenfalls fein hacken. Die Gurke waschen und mit einem Gemüseschäler in feine Scheiben schneiden. Für das Dressing Soja-Joghurt mit Olivenöl, Essig, Salz, Pfeffer und Dill vermengen. Über die geschnittenen Gurken geben. Weich gekochte Linsen abgießen. Mit Zwiebel, Petersilie, Mehl, Paprika, Kreuzkümmel, etwas Salz und Pfeffer vermengen. Aus der Masse mit nassen Händen Laibchen formen und bis zum Braten auf einen bemehlten Teller legen. Das Öl in einer Pfanne erhitzen. Die Laibchen insgesamt etwa 5 Min. braten, einmal wenden, auf Teller geben und zusammen mit dem Gurkensalat servieren.

Hokkaido-Kürbis aus dem Ofen
MIT KASTANIEN UND SALBEI

Wie dieses Rezept geschmacklich ist? Meine Antwort: zum Reinlegen gut. Der Kürbis bleibt im Ofen sensationell cremig und mit den Kastanien und den verschiedenen Gewürzen ist es ein ganz wunderbares Schlechtwetter-Soul-Food-Gericht: Es fühlt sich wie eine Umarmung von innen an. Besonders köstlich schmeckt der Ofenkürbis als Hauptgang mit einem einfachen grünen Blattsalat als Beilage.

DU BRAUCHST FÜR 4 PORTIONEN:
600 g Hokkaido-Kürbis
1 TL Koriandersamen
1 TL Kreuzkümmelsamen
1 TL schwarze Pfefferkörner
2 getrocknete Chilis
1 TL Meersalz
4 EL Olivenöl
10–20 Blätter Salbei (nach Geschmack)
100 g vorgegarte Esskastanien
Soja-Joghurt (nach Geschmack)

Ofen auf 180 °C vorheizen. Den Kürbis waschen, halbieren, entkernen und in ca. 1 cm dicke Spalten schneiden. Für die Gewürzpaste Koriander, Kreuzkümmel, Pfeffer, Chili und Salz in einem Mörser fein zerkleinern und mit 1 EL Olivenöl vermengen. Den Kürbis auf einem mit Backpapier belegten Blech verteilen, gleichmäßig mit der Gewürzpaste bestreichen und im vorgeheizten Ofen ca. 15 Min. garen. Den Salbei kurz abspülen, trocken tupfen, in feine Streifen schneiden und mit dem restlichen Olivenöl vermengen. Die Kastanien grob hacken. Salbei und Kastanien nach 15 Min. über den Kürbis geben und weitere 10–15 Min. garen (je nach Dicke der Spalten). Wer mag, nimmt dazu einen Klecks Soja-Joghurt. Anrichten und genießen.

Vegane Pizza
MIT RUCOLA UND PAPRIKA

Pizza macht immer glücklich - diese ganz besonders!

DU BRAUCHST FÜR 1 BLECH:
400 g Dinkelmehl
½ TL Salz
1 Pck. Trockenhefe
200 ml lauwarmes Wasser
3 EL Olivenöl
1 Dose passierte Tomaten (400 g)
getrockneten Oregano und Thymian
1 rote Paprikaschote
1 rote Zwiebel
200 g Rucola
250 g veganen Käse, gerieben

Das Mehl in eine Schüssel geben und das Salz am Rand verteilen. Nun in die Mitte des Mehls eine Mulde drücken und die Hefe hineingeben. Das lauwarme Wasser daraufgießen und das Ganze für ca. 10 Min. gehen lassen. Anschließend alles zu einem Teig verkneten und das Olivenöl untermischen. Mit einem Tuch abgedeckt an einem warmen Ort mindestens 20 Min. gehen lassen. Den Backofen auf 220 °C vorheizen.
Die passierten Tomaten in einer Schüssel mit Oregano und Thymian vermischen und mit Salz abschmecken. Die Paprika waschen, entkernen und in Streifen schneiden, die Zwiebel schälen und in Ringe scheiden. Rucola waschen und trocken schütteln. Den Teig rechteckig in Blechgröße ausrollen und auf einen Bogen Backpapier legen. Mitsamt dem Backpapier auf ein Blech legen. Die Tomatensauce auf dem Pizzaboden verstreichen. Paprikastreifen, Zwiebelringe und den veganen Käse ebenfalls gleichmäßig verteilen. Die Pizza im vorgeheizten Ofen 15–20 Min. backen. Vor dem Servieren mit Rucola belegen.

Erbseneintopf

MIT FRISCHEN KRÄUTERN

Gerade bei kühleren Temperaturen braucht man etwas Warmes für den Bauch und die Seele. Da kommt dieser Erbseneintopf genau recht!

DU BRAUCHST FÜR 4 PORTIONEN:

1 Zwiebel
1 Stange Lauch
3 Kartoffeln
2 Karotten
2 EL Olivenöl
Salz & Pfeffer
getrockneten Majoran und Oregano
1 Gemüsesuppenwürfel
½ Bund Petersilie
200 g Räuchertofu
2 EL Dinkelmehl
500 g TK-Erbsen
1 Zitrone, Schale

Die Zwiebel schälen und würfeln. Den Lauch putzen oder waschen und in feine Ringe schneiden. Die Kartoffeln schälen und würfeln. Die Karotten schälen und in Scheiben schneiden. In einem großen Topf das Öl erhitzen. Die Zwiebelwürfel andünsten und mit Salz und Pfeffer würzen. Anschließend Karottenscheiben, Kartoffelwürfel und Lauchringe dazugeben. Majoran und Oregano zum Gemüse geben. Alles 2 Min. dünsten lassen. 1 Liter Wasser und den Suppenwürfel beifügen. Alles 20 Min. köcheln lassen.

In der Zwischenzeit die Petersilie waschen, trocken tupfen, hacken und der Räuchertofu in 1 cm große Würfel schneiden. Das Dinkelmehl in etwas Wasser auflösen und zusammen mit den Erbsen in den Topf geben. Für die letzten 5 Min. mitköcheln lassen. Mit Salz und Pfeffer nochmals abschmecken. Zum Schluss den Eintopf mit etwas Zitronenabrieb abschmecken. Mit den Tofuwürfeln und der Petersilie garniert servieren.

Buchweizen-Pfannkuchen

MIT GEMÜSEFÜLLUNG

Buchweizen ist eine tolle und gesunde Alternative zu glutenhaltigen Mehlen. Mit viel frischem Gemüse sind diese Pfannkuchen vollgefüllt mit Eisen und Vitaminen.

DU BRAUCHST FÜR 4 PORTIONEN:

1 großen Brokkoli

2 TL (für den Teig) + 1 EL (für das Gemüse) + 2 EL (zum Ausbacken) Kokosöl

200 g Buchweizenmehl

2 TL Backpulver

400 ml Mandelmilch

1 EL Apfelessig

1 Zwiebel

2 Knoblauchzehen

1 Dose Kichererbsen (Abtropfgewicht 265 g)

½ TL Zimt

2 Dosen Tomaten (800 g)

½ Zitrone, Saft und Schale

Salz

½ Bund Petersilie

Die Röschen des Brokkoli abtrennen und für 10 Min. in einem Topf mit Dämpfeinsatz weich dämpfen. Den Strunk schälen, der Länge nach vierteln, in kleine Stücke schneiden und beiseitelegen.

2 TL Kokosöl in einem Topf schmelzen. Mehl und Backpulver in einer Schüssel vermengen. Die Mandelmilch mit Hilfe eines Schneebesens unterrühren. Apfelessig und das warme Kokosöl ebenfalls unterrühren, bis eine homogene Masse entsteht. Zur Seite stellen und ca. 15 Min. ruhen lassen.

In der Zwischenzeit die Zwiebel schälen und fein würfeln. Die Knoblauchzehen schälen und reiben. Die Kichererbsen abseihen und mit Wasser abbrausen. In dem Topf 1 EL Kokosöl erhitzen und die Zwiebeln mit den Brokkoli-Strunkscheibchen glasig andünsten. Dann den Zimt dazugeben und umrühren. Nun mit den Tomaten aufgießen und ca. 5 Min. köcheln lassen. Das Gemüse mit Zitronenabrieb, Zitronensaft und Knoblauch würzen. Die Brokkoliröschen und die Kichererbsen dazugeben, salzen und für ca. 2 Min. mitköcheln lassen. Dann die Hitze reduzieren. Die Petersilie fein hacken und die Hälfte davon unter das Gemüse mischen.

In einer Pfanne Kokosöl (ca. 1 TL pro Pfannkuchen) erhitzen und den ersten Pfannkuchen ausbacken.

Einen Pfannkuchen auf einen Teller legen, eine Hälfte mit dem Gemüse bedecken. Pfannkuchen einklappen und mit der restlichen Petersilie garnieren. So Fortfahren, bis alle Komponenten aufgebraucht sind.

SÜSSES FINALE

Tschüss Kuhmilch, Butter und Eier! Hallo Hafermilch, Mandelmilch,
Datteln, Kokosöl, Rohkakao, vegane Margarine, Nuss- und Fruchtmus.
Denn mit all diesen wundervollen Zutaten zauberst du vegane
Desserts, die dir und deinen Liebsten das Gefühl geben, auf Genuss-
wolke 7 zu schweben.

Karotten-Lieblingskuchen

Kein Industriezucker, dafür Karotten, Mandeln, Himbeeren. Das ist keine Nascherei, das ist Gemüse! Jedes meiner Rezepte ist ein kleines Experiment, weil ich Rezeptanleitungen eher als Anregung sehe und meist verwende, was gerade im Haus ist. So ist auch dieses Tortenrezept entstanden. Glutenfrei, laktosefrei, vegan, cremig, zitronig, fluffig, nicht zu süß, einfach und gut.

DU BRAUCHST FÜR 1 KUCHEN
(26 CM DURCHMESSER):
1 Dose Kokosmilch (400 ml, kein Light-Produkt!)
2 EL Leinsamen
115 g geriebene Mandeln
25 g Kokosmehl
60 g Reismehl
1 Pck. Backpulver
100 g Birkenzucker (plus etwas für den Kokos-Quark)
½ TL Salz
1 TL Zimt
100 g Karotten, gerieben
100 ml Rapsöl (plus mehr für die Form)
100 ml Wasser
200 g Soja-Joghurt
200 g Soja-Quark
2 Pck. Sahnesteif (je 8 g)
1 Zitrone, Schale
frische Himbeeren zum Garnieren

Die Kokosmilch am Vorabend in den Kühlschrank stellen.

Den Backofen auf 180 °C vorheizen. Die Leinsamen mit etwas heißem Wasser übergießen und quellen lassen. Mandeln, die beiden Mehlsorten, Backpulver, Zucker, Salz und Zimt vermischen. Dann Leinsamen, Karotten, Öl, Wasser und Soja-Joghurt beifügen und kurz mixen. In eine geölte runde Springform streichen. Im vorgeheizten Ofen ca. 40 Min. backen, anschließend auskühlen lassen.

Die Kokosmilch aus dem Kühlschrank nehmen. Den harten Teil der Kokosmilch in eine Rührschüssel geben, Soja-Quark und Sahnesteif beifügen. Zitronenschale abreiben und zugeben. Je nach Bedarf mit Birkenzucker süßen. Mixen, bis die Masse weich wird. Auf den ausgekühlten Tortenboden streichen und mindestens 3 Stunden in den Kühlschrank stellen. Mit Himbeeren garnieren. Jemanden, den du sehr gern hast, einladen und gemeinsam aufessen.

Veganer Kokosmilchreis

MIT MANGO-VARIATIONEN UND HEIDELBEEREN

Dieser Milchreis mit Mango, Heidelbeeren und Kokosmilch ist einfach köstlich. Du kannst natürlich auch mit anderen frischen Früchten dein individuelles Topping kreieren. Was ich an diesem Rezept besonders mag: Der Milchreis ist vegan und ohne Industriezucker zubereitet. Gesüßt wird hier nur mit etwas Agavendicksaft oder Reissirup und der Süße der Früchte.

DU BRAUCHST FÜR 2 PORTIONEN:

200 ml Kokosdrink
200 ml Wasser
2 EL Agavendicksaft oder Reissirup
1 Prise Salz
100 g Milchreis (Rundkornreis)
1 Handvoll Heidelbeeren
1 Mango
1 EL Kokosflocken

Kokosdrink, Wasser, Agavendicksaft oder Reissirup und Salz in einem Topf auf den Herd stellen. Reis zugeben und bei niedriger Hitze weich und cremig kochen (das dauert ca. 20 Min.). Sobald die Konsistenz richtig ist, den Topf vom Herd nehmen und den Reis zugedeckt noch ein paar Min. ruhen lassen. Der Reis saugt in der Zeit noch einiges an Flüssigkeit auf. Währenddessen die Heidelbeeren waschen und verlesen. Die Mango schälen und am Kern entlang zwei Hälften abschneiden. Eine Mangohälfte würfeln, die andere mixen. Den fertigen Milchreis in zwei Schalen verteilen, mit den Mango-Komponenten, den Heidelbeeren und Kokosflocken garnieren. Himmlisch!

Süßkartoffel-Amarant-Brownies

Ich liebe Süßkartoffeln in jeder Form: in Würfel geschnitten und in der Heißluftfritteuse gebacken oder auch als Püree. Es war definitiv nur eine Frage der Zeit, bis ich Süßkartoffeln auch in ein Dessert steckte. Und was soll ich sagen: Die Brownies sind wunderbar schokoladig und saftig! Die Süßkartoffel hat einen etwas höheren Zucker- und Ballaststoffgehalt als herkömmliche Kartoffeln und eignet sich deshalb bestens zum Backen.

DU BRAUCHST FÜR 12 STÜCK:
200 g Süßkartoffel
4 Medjool-Datteln
1 Banane
25 g Reismehl
35 g gepufften Amarant
3 EL Rohkakao
50 g vegane Zartbitterschokolade

Die Süßkartoffel schälen, in grobe Würfel schneiden und in Wasser ca. 20 Min. kochen, bis sie weich ist. Währenddessen die Datteln entsteinen, klein schneiden und in ein hohes, schmales Gefäß geben. Die Banane schälen und dazugeben. Die weich gekochten Süßkartoffel-Würfel abgießen und ebenfalls dazugeben. So lange mixen, bis eine cremige Masse entsteht. Reismehl, Amarant und Rohkakao zur Masse mischen.

Den Backofen auf 180 °C vorheizen. Eine ca. 20 x 20 cm große Form mit Backpapier auslegen, den Teig einfüllen und glatt streichen. Im vorgeheizten Ofen ca. 40 Min. backen. Ganz fest wird der Teig nicht, soll er aber auch nicht, sind ja schließlich Brownies! Die Brownies komplett auskühlen lassen. Die Zartbitterschokolade in einer Schüssel über dem Wasserbad schmelzen und die Brownies damit überziehen Wenn die Glasur trocken ist, den Kuchen in Brownie-Würfel schneiden. Wer mag, garniert mit gehackten Pistazien.

7-Tage-Plan für ein breites Lächeln

Selbst ein Optimist wie ich muss sich von Zeit zu Zeit eingestehen: Das Leben ist zwar prinzipiell schön, aber manchmal ganz schön anstrengend. Gerade in und nach solchen Phasen braucht es einen Plan, um seine Balance wiederzufinden.

TAG 1: ZUR RUHE KOMMEN

Der erste Schritt zu mehr Leichtigkeit und Gelassenheit und in weiterer Folge zu mehr Energie für alles, was du liebst, ist, einfach mal nichts zu tun. Es ist vollkommen normal und in Ordnung, dass dir von Zeit zu Zeit die Kraft ausgeht. Wichtig ist nur, solche Phasen bewusst zu erkennen und entsprechend zu handeln. Deine Aufgabe heute: Leg die Füße hoch!

» *Um ruhig zu sein, muss der Mensch nicht denken, er muss nur träumen.* «

JOHANN JAKOB ENGEL

Vorabend-Inspiration

Morgen startet also dein Projekt „Breites Lächeln". Versuche dich schon am Abend davor darauf einzustimmen. Nutze dafür die Kraft der Visualisierung. Mit unseren Gedanken können wir tatsächlich unsere Realität beeinflussen. Vor allem vor dem Einschlafen wirkt eine abendliche Visualisierung wahre Wunder, da wir uns schon in einem entspannten Zustand befinden, in dem wir unsere Visionen besser aufnehmen können. Wie möchtest du dich nach dieser Woche fühlen? Male dir vor deinem inneren Auge ein ganz genaues Bild, je detaillierter, desto besser.

Im Fokus

Einfach mal nichts tun. Sich in den Sessel kuscheln, aus dem Fenster schauen, dem Vogelgezwitscher aus dem Garten zuhören. Man muss sich nichts durchlesen, muss mit niemandem reden, man muss sich nicht mal auf etwas Bestimmtes konzentrieren. Man kann einfach nur sein. Die Holländer haben dafür sogar ein Wort: „niksen". Heute steht Nichtstun auf dem Programm. Ich weiß, gerade nach stressigen Tagen und Wochen ist es schwierig, den Schalter umzulegen, denn gefühlt kommt heutzutage fast nichts im Leben eines modernen Menschen seltener vor, als einfach mal nichts zu tun zu haben. Umso wichtiger ist es, sich ab und zu bewusst eine Auszeit, Ruhe- und Regenerationsphase zu nehmen. In einer Zeit, in der fast jede Handlung und jeder Zustand auf Effizienz und Nutzen hin bewertet wird, in der zehnminütiges stilles Rumsitzen nur akzeptiert wird, wenn es irgendwie der Selbstoptimierung dient, erscheint bloße aktionslose Präsenz ohne Sinn und Zweck radikal. Aber sie sind genauso wertvoll. Momente der Stille, in denen man sinn- und ziellos seinen Gedanken nachhängt, führen tatsächlich zu Erkenntnissen, neuen Ideen und insgesamt mehr Klarheit im Kopf.

Lass dir Essen kommen

Heute steht Nichtstun auf dem Programm – das heißt auch: nichts kochen! Suche dir beim Lieferservice deiner Wahl eine leichte Lieblingsspeise aus. Genuss kennt keine Reue. Lasse dich verwöhnen und bedienen. Du hast es dir verdient.

Zusatz-Tipp

Lege dir bestimmte Zeiten fest, in denen du kurz Smartphone und E-Mail checkst. Morgens und abends jeweils zehn Minuten, dazwischen gehst du offline. Von heute auf morgen alle Geräte abzuschalten ist zwar ein schöner Gedanke, aber es ist auch ein beruhigendes Gefühl zu wissen: Alles ist in Ordnung.

ÜBUNG

Meditation

Wenn wir uns emotional gestresst fühlen, grübeln wir häufig über Vergangenes oder malen uns zukünftige Horrorszenarien aus. In diesem Fall kann Meditation eine effektive Methode sein, die dir im Handumdrehen zu innerer Ruhe verhilft. Du übst, bewusst im Hier und Jetzt anzukommen und deine Gedanken zu beobachten, statt dich mit ihnen zu identifizieren.

So geht's:

Sobald du spürst, dass der Kopf mal wieder auf Turbo schaltet sage dir innerlich „stopp". Setze dich im Schneidersitz auf den Boden, lege die Hände auf deine Knie und schließe deine Augen. Stelle dir vor, du würdest einen Lautstärkeregler betätigen, um deine Gedanken stiller werden zu lassen. Achte darauf, wie die Luft durch deine Nase über die Kehle in deine Lungen strömt und deinen Körper über denselben Weg wieder verlässt. Nur beobachten, nicht bewerten oder kontrollieren. Zusätzlich kannst du eine Hand auf dein Sonnengeflecht legen, um bewusst in den Bauch zu atmen. Auch das hilft dir beim Entspannen. Nimm dir fünf bis zehn Minuten Zeit, einfach nur zu atmen.

TAG 2: ENTGIFTEN

Entschleunigen, regenerieren, dir Gutes tun. Um neue Kraft zu tanken, ist es nicht nur hilfreich, den Kopf frei zu bekommen, sondern auch den Körper beim Loslassen zu unterstützen. Wie wäre es, wenn du heute einen Entlastungs-Tag einlegst?

> »
> *Dein Körper ist dein Tempel. Halte ihn sauber und rein, damit die Seele darin wohnen kann.*
> «
>
> IYENGAR

Vorabend-Inspiration

Gehe früh schlafen. Das Schlafzimmer sollte angenehm kühl sein. Wenn möglich öffne das Fenster. Verzichte auf Nachrichten oder dramatische Filme oder Serien, die emotional aufwühlen. Sieh deinen Detox-Tag nicht als reine Entgiftung deines Körpers, sondern auch als Entspannung für deinen Geist.

Im Fokus

Detox ist die Abkürzung für den englischen Begriff Detoxification, auf Deutsch Entgiftung. Detox bedeutet also, sich innerlich von den Folgen schlechter Ernährung zu reinigen. Und zwar von Schadstoffen, stressbedingter Hormonvergiftung und „Umweltverschmutzung" im Körper. Wenn wir unsere Entgiftungs-Organe wie Leber, Nieren und Haut überfordern, wird der Teint fahl und der Körper krankheitsanfällig. Ein Entlastungstag kurbelt den Stoffwechsel an und gibt neue Energie.

AFFIRMATION
Ich brauche nicht so viel und leide keinen Mangel.

Ernährung

Verzichte auf Alkohol, verarbeitete Lebensmittel, Milchprodukte, Salz und Zucker in allen Formen – frisches Obst ausgenommen. Nimm dir die Zeit, deine Mahlzeiten, die möglichst zu 80 Prozent aus Gemüse und Obst und zu 20 Prozent aus Vollkornprodukten bestehen sollten, frisch zuzubereiten, und trinke ein bis zwei Liter Wasser. Ideal für deinen Detox-Tag sind Suppen. Je bunter, desto besser.

Zusatz-Tipp

An einem Entlastungstag solltest du viel trinken. Damit das viele Wasser nicht langweilig wird, gibt es eine Vielzahl an Zutaten, die dabei helfen, Schadstoffe auszuspülen und die Fettverbrennung anzukurbeln. Neben der altbekannten Zitrone, die besonders gut geeignet ist, um schädliche Giftstoffe aus dem Körper zu spülen, hilft Minze, die Verdauung anzuregen, Gurke wirkt entzündungshemmend und Ingwer schmerzlindernd. Du kannst deinem Wasser aber auch Melonenstücke, Himbeeren, Erdbeeren oder Ananas beimengen.

ÜBUNG

Detox-Yoga

Wer entgiften will, kommt um Bewegung nicht herum. Yoga eignet sich besonders, da es den Körper auf allen Ebenen beim Entgiften unterstützt – durch Drehungen, Atemübungen und Stressreduktion. Besonders hilfreich ist zum Beispiel der Drehsitz.

So geht er:

Ausgehend vom Fersensitz setze dein Gesäß links neben der Hüfte ab, den rechten Fuß stelle neben dem linken Knie auf und greife mit dem linken Arm um das rechte Knie. Richte dich noch einmal an deinem Knie auf, strecke mit der nächsten Einatmung den rechten Arm weit nach oben aus.

Drehe mit der Ausatmung den Oberkörper um die eigene Achse nach rechts und lege die Hand auf dem Boden ab. Auf der hinteren Hand ist nun kein Gewicht. Wenn du schon stabil in der Position sitzt, lege den rechten Unterarm in den Rücken. Sollte deine rechte Hüfte nicht gut auf dem Boden aufliegen, strecke das untere Bein aus. Mit jeder Einatmung versuchst du Länge im Rücken zu schaffen und mit der Ausatmung gehst du noch mehr in die Drehung hinein. Gehe sehr sanft vor und spüre genau, wo deine Wirbelsäule noch etwas Raum hat.

Genieße einige Atemzüge in der Stellung und löse die Haltung dann langsam auf. Baue die Übung zur linken Seite auf.

In dieser Position werden deine Organe stimuliert und deine Verdauung wird angeregt. Wichtig: Drehe dich zuerst nach rechts und dann nach links, damit der Darm in die richtige Richtung aktiviert wird. Unterstützend wirken auch Positionen, bei denen du auf dem Bauch liegst, wie die Kobra, der Bogen oder das Kind. Auch diese Positionen massieren den Bauch und helfen beim Entgiften.

TAG 3: LOSLASSEN

Was belastet dich momentan am meisten? Sind es Probleme im Job, in der Partnerschaft oder in der Familie? Jedem von uns wächst der Alltag von Zeit zu Zeit über den Kopf. Der erste Schritt, um positiv nach vorne zu gehen, ist meist zu akzeptieren, was man nicht ändern kann, und, so banal es klingt, loszulassen.

»

Wenn ich loslasse, was ich bin, werde ich, was ich sein könnte. Wenn ich loslasse, was ich habe, bekomme ich, was ich brauche.

«

LAOTSE

Vorabend-Inspiration

Wer dankbar ist, hat mehr Platz für Glück, Gelassenheit und Zufriedenheit. Wir leben im Überfluss. Alles ist zu jeder Zeit verfügbar und wird so auch selbstverständlich. In einer Welt, die nach dem Schneller-Höher-Weiter-Prinzip funktioniert, neigen wir dazu, uns auf das zu fokussieren, was uns fehlt, statt für das dankbar zu sein, was wir schon haben. Lasse vor dem Einschlafen deinen Tag Revue passieren und richte deinen Fokus noch einmal auf drei bis fünf Aspekte, für die du heute dankbar bist. Es geht nicht darum, dir die Dinge schönzureden und Negatives oder Belastendes auszublenden. Es geht darum, in der unendlichen Menge von Eindrücken diejenigen kurz mit Aufmerksamkeit zu bedenken, für die du ein Gefühl der Dankbarkeit entwickeln kannst. Das lässt dich nicht nur lächelnd einschlafen, sondern zeigt dir auch auf, was du loslassen kannst.

AFFIRMATION
Ich blicke nicht zurück und lasse los, was mir schadet.

Im Fokus

Es gibt eine Menge Dinge, dir wir besser aus unserem Leben verabschieden sollten, weil wir uns schon zu lang damit beschäftigen. Dazu gehören zum Beispiel Gegenstände, die wir nicht mehr brauchen, die aber unsere Wohnung verstopfen, ein Arbeitsplatz, der uns krank macht, ein früherer Partner, der uns längst verlassen hat, Kinder, die schon auf eigenen Füßen stehen, oder auch verletzte Gefühle und Kränkungen. Vielleicht belasten dich Schuldgefühle wegen eines längst vergangenen Fehlers oder du hängst an Verhaltensmustern, die dich schädigen. Wenn du solche oder ähnlich belastende Dinge, Situationen und Personen nicht loslassen kannst, verharrst du dauerhaft in der Vergangenheit. Das hat viele negative Folgen: Zum einen steht es deinem jetzigen Glück im Weg und hindert dich dauerhaft daran, wirklich frei und zufrieden zu sein. Zum anderen können die Belastungen auch so groß werden, dass Krankheitssymptome wie Schmerzen, Magenbeschwerden, Angstzustände, Schlafstörungen oder Depressionen hinzukommen. Lasse es nicht so weit kommen, sondern verabschiede dich jetzt von den Dingen, die dich belasten.

Zusatz-Tipp

Ein Abschiedsritual eignet sich für alle, die ganz bewusst etwas loslassen möchten. Vielleicht die Wut auf den Arbeitskollegen, die Frustration darüber, dass etwas nicht geklappt hat, oder auch Dinge, auf die wir keinen Einfluss haben. Schreibe das, was du gerne loslassen möchtest, auf einen Zettel. Und dann verabschiede dich davon ganz bewusst mit einem Ritual. Du kannst den Zettel verbrennen, spüle ihn das Klo runter, hänge ihn an einen heliumgefüllten Luftballon, schicke ihn mit einer Flaschenpost fort oder vergrabe den Zettel in deinem Garten. Lasse deiner Fantasie freien Lauf!

ÜBUNG

Shake it baby – Kundalini-Meditation

Die meisten Menschen denken bei Meditation an Stillsitzen auf einem Kissen. Es gibt aber auch dynamische Meditationen. Diese aktive Praxis aus dem Kundalini-Yoga ist super geeignet, überschüssige Energie oder unangenehme Gefühle wie Unruhe, Ärger, Schwere oder Stress loszulassen, bevor man sich auf das Meditationskissen setzt oder auf die Yogamatte legt. Obwohl sie traditionell am Abend geübt wird, schenkt sie dir auch morgens mehr Schwung und Leichtigkeit für deinen Tag.

So geht's:

Bei der Kundalini-Meditation wird der Körper zunächst zu der passenden Musik 15 Minuten lang geschüttelt. Auf der Stelle – also ohne dich vom Platz wegzubewegen. Das kostet vielleicht Überwindung, aber es lohnt sich, denn so können sich Verspannungen lösen und Energie kommt ins Fließen. In der zweiten Phase tanze nach Lust und Laune – 15 Minuten lang. Dann folgt die dritte Phase, in der man sich im Stehen oder Liegen 15 Minuten nach innen wendet, still wird und beobachtet, was auftaucht.

TAG 4: RAUSGEHEN

Da du in den letzten Tagen den Blick nach innen gerichtet hast, ist es jetzt wichtig, ganz bewusst die Schönheit im Außen zu erkennen und zuzulassen. Sind Körper und Geist klar, fällt es uns viel leichter, die Schönheit unserer Welt wahrzunehmen.

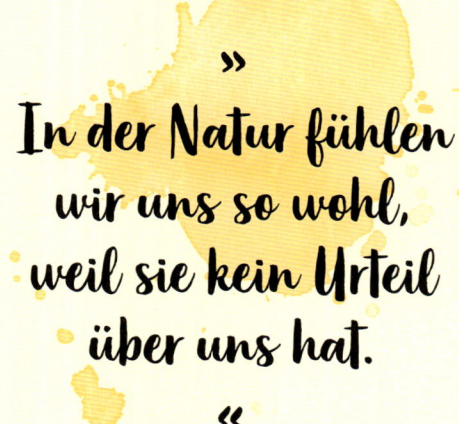

> » In der Natur fühlen wir uns so wohl, weil sie kein Urteil über uns hat. «

FRIEDRICH NIETZSCHE

Vorabend-Inspiration

Je besser du dich am Abend vorbereitest, desto stressfreier verläuft der nächste Tag. Planst du einen langen Spaziergang oder eine leichte Wanderung, könntest du am Vorabend passendes Schuhwerk raussuchen, deine Stärkung für unterwegs zubereiten oder deine Route planen. Unser Unterbewusstsein arbeitet die ganze Zeit, ob wir es mitbekommen oder nicht. Auch nachts, wenn wir schlafen. Wenn du den nächsten Tag schon genau im Kopf hast, kannst beruhigt einschlafen und dich wesentlich besser erholen.

Im Fokus

Bewusste Bewegung in der Natur beeinflusst uns auf verschiedene Weise positiv. Der Österreichische Alpenverein hat eine Studie zur Gesundheitswirkung des Bergsports veröffentlicht. Das Forschungsteam hat dabei herausgefunden, dass schon eine einzige Wanderung von etwa drei Stunden positive Veränderungen der psychischen Gesundheit mit sich bringt. Nach der Aktivität wurde ein signifikanter Anstieg der Stimmung und der Gelassenheit verzeichnet. Negative Gefühle wie Energielosigkeit und Angst sanken erheblich. Die positiven Effekte der sportlichen Aktivität auf den Körper wurden durch den reduzierten Cortisolspiegel und somit signifikante Stressreduktion bestätigt. Die Idee für heute also: Mache einen langen Spaziergang durch Wiesen und Wälder, denn gerade das Grün der Natur hat eine besonders beruhigende Wirkung auf uns.

Die perfekte Stärkung

Wie angenehm ist es, während eines langen Spaziergangs oder einer Wanderung an einem besonders schönen Ort eine Pause einzulegen, sich hinzusetzen, durchzuatmen, sich die Sonne auf die Nase scheinen zu lassen und sich seine Brotzeit schmecken zu lassen. Sie sollte lang sättigen, umwerfend gut schmecken, süß und pikant zugleich sein und lang frisch bleiben. Wie wäre es mit einem Schwarzbrot aus vollem Korn, gefüllt mit Hummus, Paprika und Gurke, dazu ein paar kleine Tomaten? Köstlich!

Zusatz-Tipp

Planst du eine Wanderung, denke daran: Wandern ist kein Leistungssport, sondern die beste Betätigung, um unseren Körper vital zu halten. Beginne daher mit moderatem Tempo auf ebenen Wanderwegen, das heißt ca. zwei Schritte pro Sekunde. Dein normales Gehtempo könnte beim Start der Wanderung schon zu schnell sein. Idealerweise beträgt dein Puls nicht mehr als 110 bis 120 Schläge pro Minute. Lasse dir Zeit, sodass dein Körper zuerst auf Touren kommt und alle Strukturen – Muskeln, Sehnen und Bänder – aufgewärmt sind. Erst dann solltest du das Tempo allmählich steigern. Bergaufgehen ist dabei für Gelenke weniger belastend als das Bergabgehen.

TAG 5: VERWÖHNE DICH

Natürlich – Selfcare geht weit über ein Verwöhnprogramm hinaus und setzt auch viel früher an, aber sich einen Tag lang hingebungsvoll ausschließlich Dingen zu widmen, die man einfach gern hat, tut Körper und Seele so richtig gut.

> » *Du selbst, genauso wie jeder andere im ganzen Universum, verdienst deine Liebe und Zuneigung.* «
>
> **BUDDHA**

Vorabend-Inspiration

Nimm dir ein Blatt Papier und plane dein Verwöhnprogramm im Detail. Du hast dir schon lang vorgenommen, ein ganz besonderes Buch zu lesen, deine Badewanne hast du seit Wochen nur noch geputzt, aber nicht mehr eingelassen, da gibt es diese eine Masseurin, die dir eine Freundin empfohlen hat ... morgen ist der richtige Tag dafür! Achte darauf, den Tag nicht zu voll zu planen, sondern für jeden Punkt genug Zeit zu lassen. Das wird dein Mini-Urlaub!

Im Fokus

Schlafe dich aus, genieße dein Frühstück und lasse die Zeit Zeit sein. In der Ruhe liegt bekanntlich die Kraft. Doch gerade Ruhe ist in unserer heutigen hektischen Welt ein rares Gut. An deinem heutigen Wellnesstag haben Alltagsprobleme und Sorgen keinen Zutritt. Dein Fokus liegt darauf, Körper und Seele zu entspannen, zu regenerieren und dich zu verwöhnen. Egal ob du dein Badezimmer mit Schaumbad und Duftkerzen in ein Home-Spa verwandeln möchtest, ob du dich entschieden hast, einen Liegestuhl unter einem schattenspendenden Baum aufzustellen und ein Buch zu lesen, oder ob du es dir auf deiner Couch genüsslich bei einem Serienmarathon gemütlich machst. Nichts muss, alles ist erlaubt. Behandle dich heute wie eine Prinzessin.

AFFIRMATION
Heute bin ich der Mittelpunkt meines Universums – und das ist gut so!

Leicht und köstlich

Gesundes Essen unterstützt die entspannende Wirkung deines Wellness-Tags und sollte deshalb auf gar keinen Fall fehlen. Starte in den Tag mit einem leichten und gesunden Frühstück: Ein frischer Obstsalat mit knackigen Walnüssen und Mandeln oder ein cremiger Porridge versorgen deinen Körper mit wichtigen Nährstoffen. Zu Mittag wärmt ein veganes Süppchen von innen und macht satt, ohne ein aufgeblähtes oder schweres Gefühl zu hinterlassen. Wie wäre es zum Beispiel mit einer köstlichen Karotten-Ingwer-Suppe? Leicht, bekömmlich und dank Beta-Carotin auch echtes Beauty Food.

Zusatz-Tipp

Zu Selfcare gehört die Fähigkeit, Grenzen zu setzen und Nein zu sagen. Kennst du deine Grenzen und sorgst dafür, dass sie eingehalten werden, bist du zufriedener und wirst nicht ausgenutzt. Sage heute ganz bewusst Nein, wenn deine Me-Time gestört wird. Eine Ablehnung wird vielleicht nicht allen gefallen, aber die meisten werden Verständnis dafür haben. Führst du Beziehungen, die auf Respekt basieren, wissen die anderen, dass du auch Zeit für dich brauchst.

ÜBUNG

Verwöhne dich mit einer selbstgemachten Gesichtsmaske

Wenn du auf DIY-Produkte stehst, wirst du diese einfach herzustellende Maske lieben:
Zerdrücke eine halbe Avocado, gib etwas Olivenöl und Zitronensaft dazu und vermenge alles gut. Dann auf die Haut auftragen und 15 Minuten wirken lassen. Während die Maske einwirkt, kannst du dich in den Bademantel gekuschelt noch einmal aufs Sofa oder ins Bett legen und 10 bis 15 Minuten bei geschlossenen Augen abschalten. Besonders angenehm relaxt es sich mit etwas höher gelagerten Beinen. Achte auf deine Atmung und atme bewusst ein und aus. So kommst du innerlich zur Ruhe. Bei Stress oder negativen Emotionen hilft übrigens folgende Übung: Stelle dir mit jedem Atemzug vor, positive Energie einzuatmen und Stress und Ärger einfach auszuatmen. So kannst du Unangenehmes ganz einfach wegatmen!

TAG 6: FEIERE DIE FREUND- SCHAFT

Was wäre unser Leben ohne gute Freundinnen und Freunde? Gesundheitsexperten gehen mittlerweile davon aus, dass Einsamkeit genauso schädlich ist wie Rauchen oder ungesunde Ernährung. Unser soziales Umfeld hat also tatsächlich die Macht, unser Leben zu verlängern. Nimm dir heute ganz bewusst Zeit für einen ganz besonderen Menschen, der dein Leben bereichert, und schenke ihm deine volle Aufmerksamkeit.

Vorabend-Inspiration

Auch ein Freundschaftstag gehört geplant. Was habt ihr schon lang vor, aber nie in die Tat umgesetzt? Wolltet ihr schon ewig in ein bestimmtes Lokal gehen oder eine besondere Ausstellung besuchen? Verabrede dich mit einem für dich ganz besonderen Menschen. Und vielleicht findest du ja sogar die Zeit, etwas ganz besonderes vorzubereiten. Nimm dir ein Blatt Papier und schreibe auf, warum du gerade diese eine Person so besonderes schätzt und wie sie dein Leben bereichert. Was für ein wunderbares Geschenk am nächsten Tag und was für ein traumhafter Einstieg in eure gemeinsame Zeit.

Im Fokus

Dass Freundschaft „eine Seele in zwei Körpern" ist, wusste schon Aristoteles. Tatsächlich kann es schon die Laune heben, nur an eine liebe Person aus deinem Umfeld zu denken. Freundschaften sind eine ganz besondere Art von Beziehung, man lässt ganz unvoreingenommen Nähe zu und erkennt Andersartigkeit an. Es gibt kein Konkurrenzdenken, man begegnet einander mit Respekt, Vertrauen, Offenheit und Ehrlichkeit. Bei einem wahren Freund kann ich mich fallen lassen; und ich stehe bereit, wenn er einmal Unterstützung braucht. Man teilt Erlebnisse und gute wie schlechte Erfahrungen, hat Spaß miteinander, kann das Leben gemeinsam genießen und man weiß, dass man zu 100 Prozent auf Diskretion vertrauen kann. Es ist von unschätzbarem Wert, Zeit mit jemandem verbringen zu können, mit dem man einfach alles besprechen kann. Vertraute Gespräche helfen uns dabei, in der Welt zurechtzukommen und Sinn im Leben zu finden.

AFFIRMATION

Ich danke für tiefe, inspirierende Freundschaften. Ich bin ein
liebevoller Freund/eine liebevolle
Freundin.

Zusatz-Tipp

Wie wäre es an deinem Freundschaftstag
mit einer Zeitreise? Wo habt ihr euch kennengelernt und unter welchen Umständen?
Eine Fahrt zur ehemaligen Schule oder ein
Besuch der Universität, auf der ihr gemeinsam studiert habt, erweckt längst verschol-
lene Erinnerungen wieder zum Leben. Ein
weiterer Vorteil des Vor-Ort-Besuchs: Dieser Ort hat nur für euch beide etwas Magisches, während er für Unbeteiligte einfach
nur ein beliebiger Ort ist. So wird dieser Tag
zu etwas ganz Besonderem.

> »
> Unter allem, was
> zu einem glücklichen
> Leben beiträgt, gibt
> es kein größeres Gut,
> keinen größeren
> Reichtum als die
> Freundschaft.
> «
>
> **EPIKUR**

ÜBUNG

Meditieren unter Freunden

Meditation wird fast immer allein praktiziert. Kein Wunder, schließlich befindet
man sich in einer sehr verletzlichen Position. Die Augen sind geschlossen, man
fokussiert sich auf sich selbst und spürt
in sich hinein. Ein intimer Moment. Was
zunächst etwas ungewohnt erscheinen
mag, kann mit etwas Übung zu einem
schönen Ritual werden. Versuche doch
einmal, mit der Person, die dich heute be-
gleitet, gemeinsam zu meditieren. Im An-
schluss könnt ihr eure Erfahrungen teilen
und vielleicht noch ganz neue Seiten an-
einander entdecken.

TAG 7: SPÜRE DIE NEUE ENERGIE

Wir denken oft, dass wir darauf hinarbeiten müssen, etwas zu erreichen, das uns erfüllt und unserem Leben einen Sinn gibt. Tatsächlich liegt Erfüllung nicht in der Zukunft, sondern in der Gegenwart. Auch heute!

»

Es gibt zwei Arten, sein Leben zu leben: Entweder so, als wäre nichts ein Wunder, oder so, als wäre alles eines. Ich glaube an Letzteres.

«

ALBERT EINSTEIN

Vorabend-Inspiration

Im Moment zu leben heißt nicht, auf die Vorfreude zu verzichten, denn Vorfreude ist tatsächlich die schönste Freude. Sich abends vor dem Einschlafen zu überlegen, worauf man sich am nächsten Tag ganz besonders freut, gibt ein unglaublich gutes Gefühl. Dabei müssen es nicht mal große Dinge sein, sondern kleine Momente der Glückseligkeit. Male sie dir in allen Einzelheiten aus. Das bringt Energie und Freude pur.

Im Fokus

So schnell vergeht eine Woche. Ich hoffe, du konntest dir so richtig viel Zeit nehmen zu reflektieren und zu regenerieren. Gerade wenn man sich ein paar Tage bewusst aus seinem Alltag rausnimmt, keimen oft neue Ideen und Wünsche. Falls du noch kein Vision Board erstellt hast – jetzt wäre der richtige Zeitpunkt dafür. Gibt es etwas, das du erlernen möchtest, einen Ort, den du besuchen möchtest? Trau dich, deine Wünsche zu formulieren. Ja – jegliche Veränderung setzt voraus, dass du die nötige Energie für diese Veränderung mitbringst. Ich hoffe, du konntest in dieser Woche so richtig viel Kraft tanken, für die die Dinge, die du liebst.

AFFIRMATION
Ich bin voller Kraft und neuer Energie. Ich genieße mein Leben.

Zusatz-Tipp

Ab sofort gilt: Wann auch immer du spürst,
dass dir die Kraft ausgeht, und du dir mehr
Energie und einen klaren Kopf wünschst,
öffne dein Fenster, lehne dich hinaus und
atme dreimal bewusst und tief ein und aus.
Das flutet deine Lungen mit Sauerstoff und
gibt dir gerade in der kälteren Jahreszeit
einen absoluten Frischekick.

ÜBUNG

Den Yoga-Glow spüren

Dieses Gefühl nach getaner Yogapraxis,
dieses tiefe Zufriedensein, dieses Eins-
sein mit sich selbst und allem rundherum
– das ist Yoga. Nimm dir heute ganz bewusst Zeit für eine Yoga-Einheit. Mit Yoga
stärkst und dehnst du deine Muskeln, du
kommst von Atemzug zu Atemzug mehr
zur Ruhe, fühlst dich dadurch ausgeglichener und wohler und ganz nebenbei
erhöht Yoga deinen Serotoninspiegel im
Körper, der für deine Stimmung zuständig
ist. Yoga zu praktizieren macht einfach
glücklich und schenkt dir auf Dauer mehr
Energie. Heute, morgen, an jedem Tag!

UND ZUM SCHLUSS ...

... sende ich dir ein dankbares Lächeln! Ich weiß, wie schwer es gerade in stressigen Zeiten oder mühsamen Situationen ist, seinen positiven Schwung zu bewahren. Aber gerade wenn du das Gefühl hast, das Leben liefert dir immer neue Stolpersteine: Nimm dir eine Auszeit und tue dir ganz bewusst etwas Gutes. Die Zeit läuft nur in eine Richtung und Glücksmomente finden nur statt, wenn du sie auch zulässt. Deine innere Sonne kann nur strahlen, wenn du sie auch strahlen lassen möchtest und du dir die Zeit und den Raum dafür gibst. Du bist der Mittelpunkt deines Universums, behandle dich genauso liebevoll und wertschätzend, wie du es verdient hast, und trage dann diese Liebe in die Welt hinaus. Zu wissen, woher man seine Energie beziehen kann und wie man mit seinen Ressourcen haushaltet, ist essenziell, um dauerhaft gesund und energetisch zu leben. Und je mehr Energie du hast, desto leichter fällt es dir, mit Herausforderungen umzugehen und Rückschläge gelassen hinzunehmen. Ich wünsche dir Leichtigkeit, Gelassenheit und ein breites Lächeln, das dich durch deine Tage trägt.

„Nama" bedeutet „sich verbeugen", „as" heißt aus dem Sanskrit übersetzt „ich" und „te" bedeutet „du". Namasté kann mit „Ich verbeuge mich vor dir" übersetzt werden. Beim Gruß der Yogis führen wir vor unserem Herzen die Hände zusammen und schließen den Kreislauf des Lebens. Er steht für die Verbindung von rechter und linker Gehirnhälfte, für das Verbinden des Männlichen mit dem Weiblichen, von Geist und Materie, von Tag und Nacht. Im Yoga versuchen wir Gegensätze aufzulösen und unsere innere Stärke zu spüren. Wenn du deine Hände vor deinem Brustraum zusammenbringst, fühlst du, wie neue Energie durch deinen Körper fließt, und du richtest dein Bewusstsein auf deine Mitte, dein Zentrum. Senkst du dann noch bewusst den Kopf ganz leicht zu deinem Herzen und versuchst den Raum zwischen Herz, Stirn und Händen wahrzunehmen, reicht das, um in eine tiefe Empfindung zu kommen.

Spüre deine Stärke und schenke dir selbst ein Lächeln! In diesem Sinne: Namasté!

» Das Geheimnis eines langen, glücklichen Lebens ist: Iss die Hälfte, gehe doppelt so viel zu Fuß, lache dreimal so viel und liebe grenzenlos. «

TIBETISCHE WEISHEIT

WENN DU MEHR WISSEN WILLST

Literatur und Links

Meinen Yoga-Onlinekurs, mein Yogastudio, Infos zu Yoga-Retreats, Workshops mit mir und weiterführende Literatur zum Buch findest du auf **www.yogamotion.at**
Du kannst auch gern Kontakt aufnehmen: **mail@yogamotion.at**

Interviewpartner und -partnerinnen

Mehr zu den Kaffeeröstern **Kerstin Obermaier & Klaus Gesselbauer** und natürlich ihren Kaffee-Shop findest du unter **https://www.diekaffeeroester.at**

Osteopathin, Physiotherapeutin und Yogalehrerin **Anita Wimpissinger** erreichst du über **http://www.femalehealth.at**

Mehr zu **Michael Strasser**, seinen Projekten, Trainings und Vorträgen: **https://strassermichael.at**

Olympia-Athlet & Gesamtweltcupsieger **Clemens Schattschneider** findest du mit seinem Coachingprogramm unter **https://clemens-schattschneider.com**

Wir danken Petra Barta und dem Hotel DIE WASNERIN für die Möglichkeit das Buch so schön in Szene zu setzen.

Danke an Jasmin für die tolle Zusammenarbeit und natürlich an meine Familie. Michi, Lenny und Paula – ihr zaubert mir jeden Tag ein Lächeln ins Gesicht.

Liebe Leserin, Lieber Leser,

hat Ihnen dieses Buch gefallen? Dann freuen wir uns über Ihre Weiterempfehlung! Möchten Sie weitere Informationen zum Thema oder mit der Autorin in Kontakt treten? Wir freuen uns auf Austausch und Anregung unter **leserstimme@styriabooks.at** Inspiration, Geschenkideen und gute Geschichten finden Sie auf **www.styriabooks.at**

© 2022 by Kneipp Verlag
in der Verlagsgruppe Styria GmbH & Co KG
Wien – Graz
Alle Rechte vorbehalten.
ISBN 978-3-7088-0813-0

Bücher aus der Verlagsgruppe Styria gibt es in jeder Buchhandlung und im Online-Shop **www.styriabooks.at**

Covergestaltung: Julia Hollweck
Layout und Satz: Julia Hollweck
Fotos: Tina Reiter
Foodfotos: Melina Kutelas
Foodstyling: Alexander Höss-Knakal
Illustrationen: Astrid Fuchs-Levin
Lektorat: Inge Fasan
Projektleitung: Jasmin Parapatits

Druck und Bindung: Finidr
Printed in the EU
7 6 5 4 3 2 1